K.G. りぶれっと No. 43

教育の基本

廣田 佳彦 ［著］

関西学院大学出版会

は　じ　め　に

　本書は、教員養成および教職課程における「教育原理」として、教育の基本についてまとめたものである。

　「教育原理」に関しては、すでにこれまでにも数多くの優れた先行図書が存在する。これらの先行図書をてがかりに、本書は、「教育原理」として、教育の基本の探究を今一度試みるものである。教育は、いつもその混迷のなかにあると言われる。また、教育については、その自らの経験より誰もが一家言を有するとも言われる。それ故に、教育のありように正解はないと考えられる。しかしながら、教育現場で日々子どもたちを前にする先生方は、その都度何らかの判断を下さなければならない状況に置かれている。そのようなとき、教育の原点に立ち戻るべく、教育の基本の探究に向かうことが最も肝要であると考えられる。また、それは単なる教育の技術論や学習指導の方法論ではなく、教師自身の教育の哲学が問われることであろう。

　本書では、教育の基本として、文部科学省が定める教職に関する科目としての「教育の基礎理論に関する科目」「教職の意義等に関する科目」の内容をふまえて、教育の思想を検討し、教育の目的の考察をすすめた。具体的には、第1章では、教育の基本として教育の意義について述べ、教育の目的について考えた。第2章では、教育の歴史について、西洋教育思想および日本教育思想についてふれた。第3章では、教育の内容として、教育課程、学習指導要領および教科書について検討した。第4章では、教育の方法について、教育方法の変遷と教授理論、学習指導の形態と教育評価、ICT、「主体的・対話的で深い学び」とPBLについて論じた。第5章では、教育の制度として近代公教育制度の成立と機能について述べ、学校経営・学級経営、教員の位置付けについて述べた。第6章では、教育の法律として、日本国憲法・教育基本法・学校教育法にふれ、加えて教育の行政・教育委員会について論じた。第7章では、新たな展開を迎える道徳教

育の基本、特別活動、生徒指導、生涯学習、そして今後ますます重視される特別支援教育の基本、について論じた。第8章では、学習指導要領改訂をふまえて、また新たな教育課程の体系化を視野に入れて、これからの教育のめざす方向について論じた。

　最後に、本書をてがかりに、教育の混迷が深まるなかであってもなお教育への希望を持ち続けるべく、読者諸氏が教育の基本の探究をすすめられることを切に願うところである。

目　次

はじめに　3

序章　9

第1章　教育の基本 13
 1　教育の意義　13
 2　教育の目的　16

第2章　教育の歴史 19
 1　教育思想の歴史　19
 2　日本の教育の歴史　25

第3章　教育の内容 37
 1　教育内容と教育課程　37
 2　学習指導要領　42
 3　教科書　47

第4章　教育の方法 51
 1　教育方法の本質　51
 2　学習指導の形態　53
 3　教育評価　54
 4　ICT　56
 5　「主体的・対話的で深い学び」とPBL　58

第5章　教育の制度 61

　　1　近代公教育制度の成立　61

　　2　近代公教育制度の機能　63

　　3　学校経営・学級経営　64

　　4　教員　64

　　5　カリキュラム・マネジメント　65

第6章　教育の法律 69

　　1　教育の法律　69

　　2　教育の行政　73

第7章　道徳教育・特別活動・生徒指導・
　　　　生涯学習・特別支援教育 77

　　1　道徳教育　77

　　2　特別活動　78

　　3　生徒指導　79

　　4　生涯学習　81

　　5　特別支援教育　82

第8章　教育課程の体系化へ向けて 85

　　1　新しい時代と社会に開かれた教育課程　85

　　2　学習指導要領の成果と課題　89

　　3　新たな学習指導要領のありよう　92

　　4　学習評価　106

　　5　学習指導要領の理念を実現するための方策　109

終章　115

おわりに　119
資料　学事奨励に関する被仰出書　120
　　　教育に関する勅語　122
　　　教育基本法　123

序　章

　教育の問題は、いつも難しいと言われる。それは、もう言い尽くされていることではあるが、価値が多様化するなかさまざまな考え方が存在し、ある教育の問題についての正解またはひとつの答えを提示することができないことにあるのではないだろうか。一方、日々学校教育の現場ではさまざまな問題が発生し、現場の先生方は自らの存在を賭けて子どもたちの教育に取り組んでおられる。それでも、教育について常に学ぶ姿勢を忘れない先生方は、いろいろな専門的な知見や先行研究から示唆を得つつも、日々の教育において迷いと悩みのなかにおられると推察される。

　このような教育の現状において、ひとつの問題提起として、教育者自らが教育の基本に立ち返ることが肝要であると考えられる。すなわち、教育者自らがそもそも教育とは何か、教育の基本とは何か、これらについて深く考えそして自らの教育観を明らかにし、具体的に教育の営みをすすめていくことが求められるのである。

　学校現場においては、その現実において子どもを取り巻く環境は日々変化し、その時代の情勢ときには政治や経済の影響をも受け、教育における理想とそのことをふまえたすすむべき道を見失うことがある。そして、教育のありようが混迷するとき、時に自らを省みることなく、責任者を追求するか、またその専門家と称する人たちの言説を鵜呑みにするかもしれない。それでは、現状の山積する教育課題の解決への糸口すら見えにくいものとなるであろう。したがって、今子どもの教育にかかわる私たちが留意しなければならないことは、私たち自身がまず自らの生き方を根本から反省し、今一度自らが如何に生きるべきか、そして教育者として自らが子どもたちにどのようなことができるのかを考えなおし、とりわけ自らの価値観および教育観を明確にすることであろう。しかしながら、私たちの考えには限界があり、如何にしても現実の様相に影響を受けることがある。そのようなとき、私たちができうることのひとつに歴史に学ぶことがあると

考えられる。そして、謙虚に先人の教えを学ぶなかで、自らの立場を再考する姿勢が肝要であろう。

　近代日本の教育は、1872年（明治5年）の「学制」にはじまると言われる。また、1945年（昭和20年）の第2次世界大戦後の1947年（昭和22年）「教育基本法」によって、日本の教育は新たな歩みをはじめたとも言われる。日本の教育は、いわゆる明治以降近代化のなかで、西洋とは異なる社会状況においてはじめられたのである。すなわち、近代化とは、西洋における近代合理主義思想（世界はあらかじめ決められた法則や秩序にしたがって動いているものであり、人間はこの法則や秩序を理解する能力いわゆる理性を持ち合わせている。それ故、この理性を正しく用いることを学ぶことによって、人間は自然や社会を科学的かつ合理的に理解かつ制御し、さらなる進化を遂げることができるという信念）にもとづくものであるが、ヨーロッパでは早々にこのような世界観に対しては批判がなされた。しかし、第2次世界大戦後の世界を支配することになるアメリカと当時のソビエト連邦はこの近代合理主義思想を継承し、日本も明治期後半以降、昭和期前半の超国家主義思想の反動にて、日本の歴史や伝統文化に対する卑下と無関心により、西洋近代合理主義思想を積極的にとりいれることになる。そして、このことがまさに教育イコール学校教育と考えられ、学校は確定した知識や技術を可能な限り多くの児童生徒に完璧かつ早急に教え込むことが求められることになる。いわゆる、画一的で平等主義的な学校教育のありようである。

　一方、特に第2次世界大戦後のこの象徴的な画一的かつ平等主義的な教育観と学校教育体制は、教え込まれる確定した知識や技術が明らかに存在することと児童生徒の教師に対する絶対的な信頼を前提とするものである。しかしながら、このような教育観や学校教育体制に変化がみられるようになるのが、その後の高度経済成長期以降の経済至上主義とも言われる日本の社会情勢である。つまり、物質的な豊かさのみを追求し、西洋とはまったく異なる個人優先の考えが広がり、日本の伝統的な価値観や共同体意識が崩壊していく。言い換えれば、価値観が多様化し、教師への信頼す

ら薄らいでいく。しかし、これらのことがらは、私たちおとなが大きく変わってきたことによるものではないだろうか。それ故、子どもたちへのかかわりをすすめるまえに、まず私たちおとなが変革への一歩をふみだす必要がある。

そして、この変革への一歩をふみだすためには、まずもって私たちおとながこれまで当然視してきた西洋近代合理主義思想を再検討することであろう。いわゆる西洋思想は古代ギリシャ時代より長い時間をかけて蓄積された歴史的な伝統のなかから生み出されたものであり、西洋の人々の日々の生活に根付いているものである。ところが、日本は明治以降西洋の文化文明を、日常生活から分離したところで急ぎ文献活字にて吸収することに努め、そのことの一役を担ったのがまさに近代以降の日本の学校教育制度であった。したがって、まずこれからの私たちおとなのなすべきことは、自らの生活に根付いた自らの考え方をもつことであり、教育については子どもたちに自ら考えることの重要性を伝えることである。

さて、先述したように、日本は高度経済成長以降いわゆる豊かな生活を享受することを最優先に考え、一方において価値観の多様化を良しと受け止めているように思われる。しかしながら、価値観の多様化は、言い換えれば絶対の価値はなく価値が相対化することでもある。そして、価値が相対化することは、個人がそれぞれに自らの価値ある主張をし、功利主義的な打算と妥協がすすむことになる。このことは、社会を自力で生き抜くことができるおとなには望ましいことではあるかもしれないが、子どもにとってはなかなか理解し難い状況であろう。子どもにとれば、おとなの言うことが時に目まぐるしく変わっていくのである。つまり、子どもにとって、何が正しくて何が正しくないのか、このおとなが言う正しいことは何故この今はそのとおりで、前のあの時ではそのとおりではないのか、子どもにはなかなかわかりにくいことが生じる。このような時、子どもは当然迷い悩み、そして不安な精神状態に陥る。そして、このような子どもに手を差し伸べることができるのは、言うまでもなく保護者と教師である。したがって、今保護者ととりわけ教師に求められていることは、具体的なこ

とがらに関して、可能な限り明確に自らの価値判断を示し、次の段階への方向性を示さなければならないことである。その際必要とされることは、教師が自らの信念にもとづいて行動することであろう。

　最後に、教師が自らの信念にもとづき行動することは、決して容易なことではない。それ故、教師は常に自らの信念について不断に問い続けることが必要であり、またそのことに正解はないことを認識しつつも、教育の基本に立ち返ることが求められる。そして、教師は、子ども一人一人を独自の存在ととらえ、子どもとともに共感する立場を明らかにし、日々子どもが求めていることを考え続けなければならないのである。

第1章 教育の基本

1 教育の意義

教育の語義

　教育とは何か、について考えるとき、教育の語義にふれることにはさまざまな見解がある。しかし、ここではまず語義を解明し、教育の概念を考えるはじめとしたい。

　「教育」という漢字は、古代の中国で作られた文字、外国語である。したがって、現在日常において普通に用いられている「教育」という表現も、明治維新前後までにはほとんどみられない。そして、この「教育」という熟語を作り出したと言われているのが、孟子（B.C. 372 - 289）である。『孟子』（尽人編上）「三楽の章」に、次のように記されている。

　　孟子曰く、君子に三楽有り、而して天下に王たることは、与り存せず。父母倶に存し、兄弟故無きは、一の楽なり。仰いで天に愧じず、俯して人に怍じざるは、二の楽なり。天下の英才を得て、之を教育するは、三の楽なり。

　すなわち、君子には三つの楽しみがある。一の楽しみは、家族のことで、父母が健在で兄弟姉妹も問題の無いことである。二の楽しみは、宗教・道徳・倫理のことで、天にも恥じることなくまた人にも恥じることのないことである。三の楽しみは、いわゆる仕事のことで、天下の英才を「教育」することである。つまり、人を育てることの楽しみである。

　また、「孟母三遷」という表現がある。これは、孟子とその母が、墓所の近くに住んでいるとき、孟子は葬式のまねをして遊んだ。次に、住居を

市場の近くに移すと、孟子はものを売り買いする商人のまねを始めた。それを見た母は、三度目は学校の近くに引っ越した。すると、孟子は、書物を読み文字を書き、勉強するまねを始めた。つまり、孟子の母は、まねる（まなぶ）ことの本質に気づいたのである。

さらに、「孟母断機」という表現がある。これは、孟子が母のもとを離れ下宿をして高等教育機関で学んでいるとき、急に母が恋しくなり帰省する。このとき、孟子の母は織りかけの織布を孟子の面前で切り裂いた。完成間近の織布を切り裂くことによって、今孟子の行っていることはこのことと同様であり、弱気を起こして学問を途中で投げ出せば、この断機と同じことであると、孟子を戒めた。つまり、孟子の母は、孟子が途中で投げ出さず最後まで自ら学ぶことを励ますことが大切であると考えたのである。次に、「教育」の漢字の語源を確認しておきたい。

「教」の旧字の「敎」は、「孝」（子どもが何かのまねをする）と「攵」（むちを手にもって打つ）であり、つまり強制的にならわせる意味が含まれている。「育」は、「㐬」（頭を下にして子どもが生まれる）と「月」（身体に関係する）の合成である。

また、英語の education の語源は、ラテン語の educare（育てる、大きくする→引き出す）であると考えられている。一方、日本語としての「おしえる」は「愛しむ」からの変化であり、「そだてる」は「巣立つ」からの変化であると考えられている。そして、「まなぶ」は「まねる」から転じた表現であると考えられている。

教育の可能性

1920 年インドのジャングルで、狼に育てられたとみられる 2 人の少女が発見された。2 人はおよそ 2 歳と 8 歳程度ですぐさま施設に収容されたが、2 人とも両足で立って歩くことはできず、四つん這いで徘徊する、また昼夜逆転し真夜中には遠吠えをする。食事に手を使うこともなく、言葉も理解できなかった。しかしその後、アマラと名付けられた幼い 2 歳児は亡くなったが、カマラと名付けられた少女は成長し、2 本足で立って歩き

手を使って食事をし、また衣服を着用し言葉も次第に理解しはじめた。まさに、彼女は狼から人間へと戻ったのである。(『狼に育てられた子』)

1979 年フランスのアヴェロンの森で、衣服を纏うことなく走り回る少年が発見された。彼はおよそ 12 歳前後で、医師のイタールが引き取り、社会生活に必要なことを身に付けさせようといろいろと試みた。結果、ある程度の人間らしい生活を送ることができるように成長したが、同世代の女性には関心を示すことがあまりなかった。(『アヴェロンの野生児』)

すなわち、人間は、人間以外の生物に育てられ野生で生きている限りは、いわゆる動物としての生きていく力を身に付けるだけである。それが、人間の社会で生活し、人間の文化のなかでいろいろなことを学ぶことによって、人間として成長を続けるわけである。また、人間以外の生物が人間の社会で育てられた場合、その生物は本来の野性を失い弱さを露呈することになるが、人間と同様に成長するわけではない。ある実験で、人間の子どもと比較的人間に近いとされるゴリラの子どもを家のなかで一緒に育てた。はじめは、ゴリラの子どもも人間の子どものまねをすることによって、人間の子どもの動作を上回る場合もみられたが、人間の子どもが言葉を覚えはじめる時期になると、その成長の度合いは言うまでもなくはるかに人間の子どもが先んじることになる。

一方、ポルトマン (1897 - 1982) は、人間の誕生を「通常化した早産である」ととらえた。つまり、人間は生まれたときには、ほとんど自ら一人では何もできない。人間以外の動物は、ある程度生きるための具体的な能力を身に付けて生まれてくる。人間は早産であり、生まれたときの能力は他の動物より劣ってはいるが、その後の人間の成長は著しい。人間の先天的な潜在能力は、人間の文化環境のなかでしだいに顕在化してくる。それからの継続的な学習は、さらにその能力を発展展開させる。ここに、人間の人間による教育の可能性がみられるのである。

教育と文化の伝承

人間は、自らの文化を次の世代に伝承する。その世代間伝承によってその文化が蓄積され、さらにこれをふまえて新たな文化が創造されていく。人間の文化や社会は、この連続によって発展している。この文化の世代間伝承は、その文化社会の新たな構成員（子ども）が、それまでの文化内容を内面化するための学習を積み重ねることによってすすめられる。人間社会においては、この文化の伝承を媒介する機能のひとつが教育である。したがって、教育によって、若い世代である子どもは、前の世代であるおとなの残した文化のありようを受け継ぐとともに、さらに新たな創造へと向かうことができるのである。このようにして、人間社会は進化を続けていくのである。

2　教育の目的

教育の目的と教育の目標

教育基本法第1条（教育の目的）

　教育は、人格の完成を目指し、平和で民主的な国家及び社会の形成者として必要な資質を備えた心身ともに健康な国民の育成を期して行われなければならない。

教育基本法第2条（教育の目標）

　教育は、その目的を実現するため、学問の自由を尊重しつつ、次に掲げる目標を達成するよう行われるものとする。

1　幅広い知識と教養を身に付け、真理を求める態度を養い、豊かな情操と道徳心を培うとともに、健やかな身体を養うこと。

2　個人の価値を尊重して、その能力を伸ばし、創造性を培い、自主及び自律の精神を養うとともに、職業及び生活との関連を重視し、勤労を重んずる態度を養うこと。

3 正義と責任、男女の平等、自他の敬愛と協力を重んずるとともに、公共の精神に基づき、主体的に社会の形成に参画し、その発展に寄与する態度を養うこと。

4 生命を尊び、自然を大切にし、環境の保全に寄与する態度を養うこと。

5 伝統と文化を尊重し、それらをはぐくんできた我が国と郷土を愛するとともに、他国を尊重し、国際社会の平和と発展に寄与する態度を養うこと。

　上記のように、教育の目的は教育の目標の上位にあり、教育の目的を実現するために、より具体的に設定された目当てとなるものが教育の目標である。

　次に、教育基本法第18条「この法律に規定する諸条項を実施するために必要な法令が制定されなければならない」にもとづいて、学校教育については学校教育法が制定され、各学校段階に応じて目的と目標が記されている。（幼稚園、小学校、中学校、義務教育学校、高等学校、中等教育学校、特別支援学校、大学および高等専門学校）

　一方、教育の目的について考える場合、個人としての目的と社会としての目的を視野に入れておかなければならない。まず、個人としての目的は、それぞれ個人自らの独立自尊をめざし、自らの素質や能力を展開することが考えられる。この考えを実現すべく、生涯学習の概念が生まれることになる。次に、社会としての目的は、デュルケム（1858-1917）によれば、教育の本質は個人が社会において外なるものを内に取り入れていく過程、つまり社会を同化する社会化の過程であると考えられる。生まれたままの生物としての存在は、この社会化によって社会的存在としての人格を形成することになるのである。

　しかしながら、最後に重要なことは、この教育の目的は、現実の子どもたちの実態に即して考えられなければならないことである。日常の教育の営みには、実に多様な変化がみられる。したがって、これらの現実のあり

ようを十分認識したうえで、いわゆる「あたりまえのことをみなおす」（自明の再考）、また「ふつうのことをみなおす」（日常の再考）ことを契機に、教育活動を展開していかなければならないのである。

参考文献

森昭『人間形成原論』黎明書房、1977 年。
ポルトマン、高木正孝訳『人間はどこまで動物か』岩波新書、1961 年。
イタール、古武弥正訳『アヴェロンの野生児』牧書店、1971 年。
ゲゼル、生目雅子訳『狼に育てられた子』家政教育社、1971 年。

第2章　教育の歴史

1　教育思想の歴史

古代ギリシャ

　現在の学校（school）の語源となるスコレ（有閑）が、いわゆる学問の始まりとなる。ソフィストと称する職業集団が存在し、その代表として、ソクラテス（B.C. 469 - 399）、プラトン（B.C. 427 - 347）、アリストテレス（B.C. 384 - 322）が挙げられる。

　ソクラテスは、自ら著作物を一切残さず、その思想はプラトンをはじめとする弟子たちに受け継がれている。次に、ソクラテスの代表的な教説を挙げておきたい。まず、「無知の知」である。この無知とは、単に知の欠如ではなく、知らないのに知っていると思い込んでいる状態を意味する。したがって、重要なことは、自らが知らないことを知ることであり、このことをソクラテスは無知の自覚と称した。さらに、無知の自覚は、無知であるがゆえに知を愛し求めることの必要性を唱えた。次に、「徳は知である」。徳（アレテー）とは、あるものの優秀性、卓越性、有能性を示す概念である。ソクラテスは、知とは善に関することがらであるととらえ、徳は知を求めることにあると考えた。そして、「助産術」である。ソクラテスは、知の獲得は知を産み出すことであると考える。知を産み出すのは学習者であり、その学習者を助けるのがいわゆる助産師（教師）である。学習者と助産師（教師）とのかかわりのなかで、知が産まれるのである。言い換えれば、知は対話をとおして獲得され、助産師（教師）の役割は、対話を指導し知を産み出すことへと導くのである。その過程は、第1は論破

であり学習者を一種の思い込みから解放する、第2は知を産み出すことの援助である、第3は産み出された知を吟味する、ことである。

プラトンは、その師ソクラテスとの対話を著作にまとめ、アカデメイアを中心に教育活動にも従事した。特に、徳の定義をイデア論としてまとめ、魂への配慮を重視した。その代表作としての『国家』において、「洞窟の比喩」を契機に魂の転換が教育のめざすところであると唱えた。

中世

中世は、およそ5世紀から15世紀ごろまで、神学を頂点として科学や哲学をその下に置くとされる、ローマ・カトリックの時代である。その中心に、アウグスティヌス（B.C. 354 - 430）が位置し、『告白』、『神の国』などを著し、万物が復活し集うキリスト教教会のありようが重要視された。一方、12世紀ごろに、現在の大学の原点であるウニヴェルシタス（組合）を中心に、イタリアのボローニャ大学、フランスのパリ大学などが誕生した。

ルネッサンスと宗教改革

ルネッサンスは、およそ14世紀から16世紀にかけてイタリアにはじまり全ヨーロッパにひろがる、「再生」を意味する文化・社会運動である。一方、ローマ・カトリックに対する批判から、ルター（1483 - 1546）による改革が展開する。そして、ルターは聖書のドイツ語訳を完成させ、同時に初等教育の重要性を唱えた。

近代教育学の成立

近代における人間の社会的生存が国家の形式を有し、そのなかに国民が包括されるようになり、その国民を対象とする普通教育を中心とする国民教育制度が必要課題となる。すなわち、教育とは、国民に対する国家の責務としての組織的サーヴィスであり、また国家運営の観点からは統合的機能として組織される。

まず、このことに着眼したのが、17世紀のコメニウス（1592 - 1670）である。コメニウスは、当時ヨーロッパ全土に広がる30年戦争のなか、ギムナジウムの教師を務めつつ、祖国の解放とキリスト教世界の再建が人間の再形成によらなければならないことを確信するに至る。そして、そのことに必要な学校教育制度の構築と、合理的な教育方法の確立が最重要課題であると認識し、その研究をすすめた。そのひとつの集大成が、『大教授学』である。そして、その副題には次のように示されている、「あらゆるひとにあらゆることがらを教授する普遍的な技法を教授する」。具体的には、第1～6章で教育の目的と内容について、第7～10章で学校教育の必要性について、第11～12章で学校の現場の批判とその改革の必要性について、第13～19章で新たな教授技術の確立の必要性とその一般原理について、第20～26章で科学・技術・言語分野の特殊な技術について、第27～31章で学校教育制度と学校組織管理論について、論じた。そして、コメニウスはその具体的なものとして、子ども向けの百科事典のような教科書として、絵本のような目に見える『世界図絵』を考案した。

次に、18世紀に入り啓蒙時代より産業革命のなか、社会制度や政治の問題に関心をもち、さらに人間本性の探究に向かうことになるのがルソー（1712 - 1778）である。ルソーは、現実の人間社会に存在する悪や不幸を認識し、その起源を探し始めた。人間は邪悪である、このことは一面においては事実であるが、それは人間本来のありようが歪められている状態であり、「人間は自然本性において善である」と、ルソーは自らの著作のなかで繰り返し述べる。このルソーの代表作のひとつが、『エミール』である。このなかで、ルソーは、人間は自らの幼児期をよく理解しなければならないと、今一度幼児期の探究の重要性を述べている。「万物を造る神の手からでるときにはすべて善いが、人間の手にうつるとすべて悪くなる。」つまり、人間は生まれたときそのままの状態では悪くなってしまう。人間は、植物を栽培するように、人間を教育によって形成するのである。

そして、ルソーは、このように弱く生まれた人間に援助と力を与えるのは、3つの教育であると考える。まず、あらゆる能力や器官の内部からの

発達としての自然の教育、次に、その発達にしたがう力の用い方を教える
人間の教育、そして、私たちのまわりに存在する力といろいろなかかわり
をもつ事物の教育、である。ルソーは、自然の教育を自然の目標へと導く
ことを述べ、人間の発達の各時期に固有な成長をとげることができるよう
に支援することが教育の営みであると考える。これを、消極主義教育と称
する。このように、ルソーの教育思想は、人間の知的発達にともない複雑
になる外部との関係を適切に調整することをとおして、悪を生み出す情念
が子どもたちの魂に生じてくることのないように、あらゆる手段を講じる
ための思索ととらえることができる。言い換えれば、拘束と管理のもとに
徳目を強制的に注入する教育を批判し、また未確定な将来のために現在を
犠牲にすることを批判し、さらに子どもの興味や活動にはたらきかける教
育のありようを推奨する。これらのことにより、ルソーは「子どもの発見
者」と称され、またおとなと子どもとの質的な違いに気づき、子どもに特
有の感受性や思考法を詳細に観察し、子どもの発達のいろいろな段階にお
ける固有の意味やその各段階において最適な教育の方法に着目した。

　このルソーの影響を色濃く受け継いだ人物が、ペスタロッチ（1746-
1827）である。ペスタロッチは、農村の貧しい大衆のために奉仕すること
を決意し、農場ノイホーフを設立し自らも農民とともに働き、その子ども
たちを教え生活をともにする。ペスタロッチは、このように子どもとのか
かわりのなかで、教育について考え、また人間について考えた。それが、
ペスタロッチの最初の著書『隠者の夕暮れ』である。その冒頭は、次の問
いかけではじまる。「玉座の上にあっても木の葉の屋根の陰に住まっても
同じ人間、その本質から見た人間、そもそも彼は何であるか。」

　ペスタロッチは、すべての人間には生まれながらに心情・精神・技術の
３つの能力が備わっていて、これらの能力を調和をもって発展展開させる
ことが教育の目的であると考えた。具体的には、道徳性、知性、身体性を
調和と均衡を保ちつつ発達させていくことが肝要であるとした。そして、
ペスタロッチは、この教育の方法として、直感を重視し、認識を３つの要
素（数・形・語）に分解することによって事物のありようをとらえていく

ことを提唱した。また、ペスタロッチは、シュタンツにおける孤児院での教育をふまえて、母と子（または父と子）の関係性、つまり愛による家庭教育（居間の教育）の必要性を説いている。さらに、『白鳥の歌』では、「生活が陶冶する」ことの重要性を述べている。

　次に、ペスタロッチの教育施設でその職を得つつ、大きな影響を受けたのが、フレーベル（1782-1852）である。フレーベルは、『新しい年1836年は生命の革新を要求する』において、「すべてのものにおいて、また自分と他人とのあらゆる生命現象を通じて、きわめて高くきわめて明確に私の耳に響いてくるもの、それは新しい生命の春を、人類の春を予告し告げる声である」と、その冒頭において記している。すなわち、ここでフレーベルは、家庭を今一度神聖なるものととらえ、そして、その家庭はあらためられた雰囲気をとおしてあるいは共同の遊びによって、親と子どもの関係や兄弟姉妹の関係が一新されると考える。また、このことをフレーベルは『人間の教育』において「最初の微笑」と称して、家庭における親と子どもの信頼関係を重視する。このように、フレーベルは、家族のありように着目し家庭における教育的雰囲気を改善するための遊具を考案し、フレーベルはその遊具を「恩物」と呼び、遊びの経験をとおして多くのことを学びとることをめざした。そして、そのための場として、幼稚園が創造されることになる。

　一方、批判哲学と称される『純粋理性批判』『実践理性批判』『判断力批判』の三部書を著したカント（1724-1804）は、自らの教育思想を『教育学』にまとめた。そこで、カントは、「人間は教育されなければならない唯一の被造物である」と、人間の教育の必要性を述べる。また、カントは、「人間は教育によって人間に成れるまでのことである」とも述べ、人間を人間たらしめる道徳の次元より、義務および命令としての教育的強制が必然であると考える。しかし一方、カントは、この教育的強制もその根底には、原理としての自発性や自覚がともなうことが必要であるとも述べているのである。

　そして、これらの教育思想のながれを受けて、20世紀アメリカを代表

する教育思想家としてデューイ（1859‐1952）が登場する。デューイは、いわゆるプラグマティズム哲学の創始者のひとりで、進歩主義と呼ばれる新教育運動の理論的指導者である。そして、デューイは、新設シカゴ大学の哲学・心理学科の主任教授として招聘され、一方において教育学を講じた。この時、シカゴ大学に付属する小学校が開設され、これがデューイの実験学校と称された。そして、デューイはこの実践報告として、『学校と社会』としてまとめた。このように、デューイは、プラグマティズムの観点より教育の問題を論じるのである。

　また、フランスの社会学者であるデュルケム（1858‐1917）は、教育の社会化の側面を重視する。デュルケムは、その著『道徳教育論』のなかで、「教育は個人及びその利益をもって、唯一もしくは主要な目的としているのではまったくなくて、それは何よりもまず、社会が、固有の存在条件を不断に更新するための手段なのである」と述べている。また、デュルケムは、『教育と社会学』のなかで、教育はその結果として、未成年者の体系的な社会化をめざすものであるとも述べている。

　そして、近代にかけて教育学を科学として位置付けることを試みたのが、ヘルバルト（1776‐1841）であった。ヘルバルトは、ペスタロッチの影響を受け、教育の目的を倫理学（実践哲学）、教育の方法を心理学に求め、科学的教育学の体系化を試みた。そして、ヘルバルトは、『一般教育学』において、教育の事象を要素に分解した一覧表を示した。これが、教授における多面的興味と道徳性の育成をめざす品性の形成であるとするヘルバルト教育学の構想である。具体的には、その教授段階として、「明瞭（明らかにする）・連合（結び付ける）・系統（まとめる）・方法（応用する）」の４段階を定める。そして、このヘルバルトの分析は、教師が教授の状況をどのように把握し児童・生徒の状態を見極めるのか、そのための視座を提供するものとして、教師の指導の参考に資するものである。

2 日本の教育の歴史

日本の教育のはじまり

　古代、『日本書紀』（720）において、大学寮なる教育施設に関する記述がみられることがはじまりであると考えられている。具体的には、大宝律令（701）の「学令」において、教育機関として大学・国学が設置され、入学者は貴族の男子で13歳から16歳までとされた。ここでの教育の目的は、律令制国家の成立にともなう官僚養成であった。具体的には、大陸渡来の文字を学び、さらに法律を制定し租税を徴収する行政組織を構築することなど、国民統治のための官吏の養成である。

　その後、特定の名門貴族が、自ら一族のための私塾を創設する。たとえば、藤原氏の勧学院、橘氏の学館院、和気氏の弘文院、在原氏の奨学院などである。一方、庶民を対象とする教育施設の代表に、空海（774 - 835）が創設した綜芸種智院がある。

鎌倉・室町時代

　この時代は、武士の台頭とともに時代の変革期にあり、武士は武士として独自の教育をすすめ、その他は寺院での教育がすすめられた。この時代の教育機関として、金沢文庫や足利学校などが存在した。その他、キリスト教布教のためのセミナリヨやコレジョなどが存在した。

江戸時代

　1603年幕府を開いた徳川家康（1543 - 1616）は、武ではなく文による統治すなわち文治主義をとり、庶民から武士に至るまで、社会のあらゆる階層において教育がすすめられた。

　まず、幕府による最高学府としての昌平坂学問所があげられる。そのはじまりは、林羅山（1583 - 1657）の私塾であり、その後3代将軍家光（1604 - 1651）の時に上野忍岡に、5代将軍綱吉（1646 - 1709）の時に神田湯島に、

朱子学を講じる学問所として設立された。

　次に、幕藩体制における各藩に設けられた藩校である。これは、各藩におけるまさに人材育成のために創られたものであり、対象は当初重臣の子弟のみに限られたが、のちにいわゆる藩政改革をふまえて家臣一般に広く開放された。その代表として、水戸の弘道館、会津の日新館、萩の明倫館、鹿児島の造士館などがあげられる。

　一方、地域社会において存在したものとして、郷校（郷学）がある。対象は、武士の子弟のみならず、一般庶民の子どもも含まれていた。

　また、儒学、国学、洋学を深く学んだいわゆる知識人による私塾が存在した。たとえば、江戸中期以降、伊藤仁斎（1627 - 1705）による漢学塾である古義堂（1662）、本居宣長（1730 - 1801）による国学塾である鈴屋（1758）。そして、幕末、緒方洪庵（1810 - 1863）による蘭学塾である適塾（1838）、ここで福澤諭吉（1835 - 1901）、大村益次郎（1824 - 1869）、橋本左内（1834 - 1859）などが学んだ。さらに、幕末、長州の萩に吉田松陰（1830 - 1859）による松下村塾（1842）、ここで高杉晋作（1839 - 1867）久坂玄瑞（1840 - 1864）、品川弥二郎（1843 - 1900）、伊藤博文（1841 - 1909）、山県有朋（1838 - 1922）など、幕末から明治維新期にかけて活躍した多数の人材を育成した。

　そして、江戸時代に発展した庶民の教育機関として、寺子屋がある。そのはじまりは室町時代とも言われるが、特に江戸時代半ば以降、貨幣経済が浸透し商業活動が日本全体に波及していくなか、庶民の日常においてもいわゆる「読み・書き・そろばん」が求められるようになる。教育内容としては、いろは歌からはじまり、主に教材としては「往来物」と言われる手紙文の模範文例集が用いられた。

近代日本の教育のはじまり

　1868 年（明治元年）、明治維新を迎える。明治新政府は、富国強兵、殖産興業、文明開化をすすめるにあたっては、教育の普及がまずもって必要であるとの認識に至る。

そして、明治新政府は、1872年（明治5年）「学制」（学事奨励に関する被仰出書）を頒布した。その内容は、これからの国家としての新しい日本の社会において、人はまず自らが生きていくためにさまざまなことを学ばなければならない。そして、その場所が学校である。学ぶことは、自らが社会で生きていくための財本である。そのため、これからは一部の人のみが偶然のように学ぶのではなく、国民としてすべての人が学校で学ばなければならない。特に、すべての子どもが学校で学ぶことができるように、その保護者は十分に心掛ける必要がある。ここで留意しなければならないことは、学問は自らの将来を考えて自らのためにするものであり、国家のためにするものではないことが述べられていることである。このことは、慶應義塾を創設した福澤諭吉が、『學問のすゝめ』のなかで述べていることと重なるところがある。

このように、明治新政府は、小学校を中心とする学校教育制度を構築し、国民皆学の義務教育制度をはじめる。具体的には、全国を8大学区に分け、各大学区に32の中学区、各中学区に210の小学区を設け、大学8校、中学校256校、小学校53760校の予定であった。さらに、この小学校の分類として、尋常小学、貧人小学、村落小学、幼稚小学などを設定した。

このように近代学校教育制度が構築されるなか、身分制社会から学歴社会へと社会構造が変わっていく。すなわち、明治以前はいわゆる士農工商の属性原理にもとづく身分制社会である。原則、人はその生まれによっておよそのその後の人生が決まることになる。一方、明治以降近代学校教育制度ができると、人はすべて自らの将来のために学校教育を受け、自らの人生を原則自らの意志によって切り開いていくことができる、いわゆる業績原理にもとづく学歴社会の到来である。

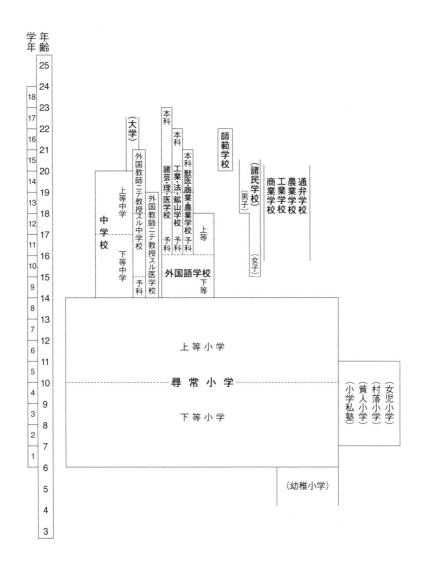

第1図 明治6年
（学制による制度）

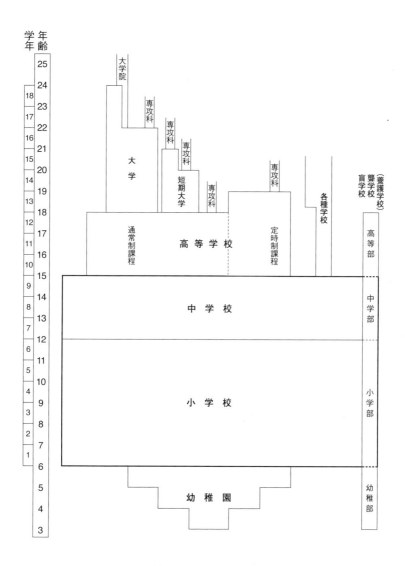

第2図 昭和24年
(学校教育法による制度)

学制改革から教育令発布へ

1872年（明治5年）学制の頒布以降、小学校就学率の推移は当初のおよそ28.1％から1877年（明治10年）39.9％への上昇に留まっている。この就学率の停滞にはいろいろな理由が考えられるが、そのひとつに、学ぶ者がその費用を負担すること（受益者負担）がある。また、小学校設置にともなう地域社会の経費負担増、幕藩体制から近代国家への急激な変化にともなう国民生活の戸惑い、などが考えられる。一方、1877年（明治10年）以降を境に、近代化による文明開化思想への反動が生じる。いわゆる、日本古来の伝統的な思想に立ち返ることである。したがって、小学校における西洋諸国の翻訳物の教科内容を学ぶことにも疑義が生じ、このことも就学率の停滞の一因となった。そこで、明治新政府は学制の見直しに着手することになる。

そこで、アメリカ教育事情に詳しい田中不二麿（1845‐1909）は、1871年（明治4年）設置の文部省の教育行政官として、「教育令」を上申し、1879年（明治12年）9月にこれが公布された。これは、就学義務の緩和をはじめとする自由主義的また地方分権的なものであり、自由教育令とも称された。

教学聖旨から教育令改正へ

一方、社会情勢の変化とともに、「教育令」発布1ヶ月前の1879年（明治12年）8月に、明治天皇が伊藤博文に教育の方針を示した「教学聖旨」が発表された。これは、「教学大旨」と「小学条目二件」から成り、起草者は明治天皇の侍講元田永孚（1818‐1891）であった。要するに、「教学大旨」は、「学制」にみられる西洋化一辺倒の教育内容を批判し、日本の伝統である仁義忠孝の思想にもとづく教育内容に変更すべきであると述べている。また、「小学条目二件」は、この仁義忠孝の精神を育成することを第一とし、国民といえどもそれぞれの分をわきまえる、つまり身の丈を知る教育内容に変更すべきであると述べている。

第 2 章　教育の歴史　31

　したがって、「教学聖旨」は、これまでの明治新政府の教育政策を根本
から否定するものであり、当時新政府の中心に位置する伊藤博文は到底承
服できず「教育議」を示し、これにてこれまでどおりの教育政策の必要性
を述べた。これに対して、元田は「教育議附議」を示し、儒教にもとづく
皇国思想の重要性を述べた。

国家主義教育体制

　伊藤博文と元田永孚との間で交わされた論争により、「教育令」は小学
校教育における修身の重視を契機に、その内容変更を迫られることにな
る。これが、1880 年（明治 13 年）12 月の「教育令改正」である。その内
容は、教育のありようを国家の統制の枠組みのなかに再編し、修身を重視
するため教科の配列を明文化し、修身を教科としてその筆頭に位置付け
た。さらに、教員に対しても、1881 年（明治 14 年）6 月「小学校教員心得」、
7 月「学校教員品行検定規則」を策定し、教員の服務についても国家統制
の考えがおよぶことになる。

　一方、政治形態としてのこれまでの太政官制から、1885 年（明治 18 年）
内閣制度が創設された。初代内閣総理大臣は、伊藤博文である。そして、
文部卿は文部大臣となり、初代文部大臣は森有禮（1847 - 1889）である。
この時期は、大日本帝国憲法発布や帝国議会開設を控えており、日本の近
代国家体制が整備されつつある状況であった。これにともない、教育政策
も立憲制を前提とする国家主義教育体制としての制度が確立していくこと
になる。このことを、森有禮が具現化するべく定めたのが、1886 年（明
治 19 年）の学校令である。これは、勅令として公布され、「帝国大学令」
「師範学校令」「中学校令」「小学校令」の、学校種ごとの法規として定め
られた。

　その後、1889 年（明治 22 年）の大日本帝国憲法発布にともない、先の
修身の位置付けにかかわる徳育論争が再燃し、当時の地方長官会議で徳育
に関する建議がなされ、今後徳育の根本理念なるものを明らかにし、日本
国民全員に示すことが求められた。これが、井上毅（1844 - 1895）が元田

永孚と相談しながら起草した、『教育ニ関スル勅語』1890 年（明治 23 年）
である。これは、その後の日本の教育の方向を定めることになり、国民道
徳の根本理念となる。

大正デモクラシーと自由教育

　明治時代後半から大正時代にかけて、学校教育制度は拡充し、学齢児童
の就学率が向上し国民皆学へとすすむことになる。そして、第 1 次世界大
戦（1914 - 1918）終了後、世界平和を祈念しデモクラシー重視の志向へと
世界が動きはじめる。そして、ヨーロッパをはじめアメリカでは、子どもの
ありようを中心において考える新教育運動が、教育改革を促すことになる。
　日本でも、民主主義かつ自由主義重視の風潮が高まり、いわゆる大正デ
モクラシーが展開することになる。これが、学校教育にも波及し、大正自
由教育運動が巻き起こる。これは、それまでの学校教育が画一的で柔軟性
に欠けていることを改善すべく、新たな教育の方向性をめざし、子どもを
中心とする教育実践へと向かうものであった。その実践の場としては、た
とえば奈良女子師範付属小学校、自由学園、成城小学校などがあげられ
る。そして、1921 年（大正 10 年）に「八大教育主張講演会」が開催される。
これは、小原國芳（1887 - 1977）の「全人教育論」（のちに玉川学園を創
設する）をはじめとする 8 つの教育論が展開されるものであった。

昭和と戦時体制下の教育

　1931 年（昭和 6 年）の満州事変を契機に、昭和は戦争の時代へとすす
んでいく。1937 年（昭和 12 年）には、日中戦争（支那事変）が勃発し、
国民精神総動員運動が起こり、教育についても戦時下体制の教育政策が遂
行される。その顕著な一例が、1937 年（昭和 12 年）文部省編纂発行の『國
體の本義』である。これは、国体論として、日本の国とは如何なるものか
について説明するものである。そして、1941 年（昭和 16 年）には、初等
教育相当（小学校）を「国民学校」と位置付け、『国民学校令』を定めた。
これは、皇国民の錬成を目的とするものであった。その後、1945 年（昭

和 20 年）8 月 15 日、敗戦として戦争の終結を迎えることになる。

第 2 次世界大戦後の教育

　日本は、連合国の占領下におかれ、さまざまな改革がすすめられる。教育については、まず日本政府が 1945 年（昭和 20 年）9 月、「新日本建設の教育方針」を示した。しかし、連合国占領軍は、GHQ（連合国軍最高司令官総司令部）として、さまざまな政策転換をすすめるなか、日本の教育についても急ぎいくつかの指令を発した。基本的には、自由主義にもとづく教育の民主化をすすめる。たとえば、「日本教育制度ニ関スル管理政策」、「教員及ビ教育関係官ノ調査・除外・認可ニ関スル件」、「国家神道、神社神道ニ対スル政府ノ保証、支援、保全、監督並ニ弘布ノ廃止ニ関スル件」、「修身、日本歴史及ビ地理停止ニ関スル件」、などである。

　続いて、1946 年（昭和 21 年）第 1 次アメリカ教育使節団が来日する。この使節団の報告書にもとづき、教育の機会均等、単線型としての 6・3・3 制の学校体系、教育委員会制度、などの教育改革構想が提案される。そして、1947 年（昭和 22 年）教育基本法、学校教育法が制定される。さらには、『学習指導要領』が試案として作成された。

　その後、日本を取り巻く情勢が変化するなか、1950 年（昭和 25 年）の朝鮮戦争勃発や、1951 年（昭和 26 年）サンフランシスコ平和条約締結などをふまえて、教育政策の転換がすすむことになる。それは、学校現場における自由主義的な政策の修正を意味することになる。たとえば、1952 年（昭和 27 年）「教師の倫理綱領」、1954 年（昭和 29 年）「教育公務員特例法の一部を改正する法律」、「義務教育諸学校における教育の政治的中立の確保に関する臨時措置法」、1956 年（昭和 31 年）「地方教育行政の組織及び運営に関する法律」、そして、1958 年（昭和 33 年）『学習指導要領』（小学校・中学校）の改訂がすすめられ、この時、文部省告示となり法的拘束力をもつことになる。また、同年「道徳」の時間が特設される。道徳教育は、明治時代に教科としての修身科が置かれ、その後日本の敗戦とともに修身科が否定され、戦後は学校の教育活動全体をとおして、また社会科の

なかで行われてきた。これは、教科ではなく、特設の時間として設置される。そして、再び教科として、2015年（平成27年）「特別の教科道徳」が位置付けられることになる。

高度経済成長期の教育

1955年（昭和30年）以降、日本の経済が急激に成長していく。「所得倍増計画」をもとに、国民生活が向上する。教育に関しても、高等学校の進学率が急上昇するとともに、学校教育のさまざまな問題が浮かび上がることになる。特に、1965年（昭和40年）以降、校内暴力、落ちこぼれ、いじめ、非行、登校拒否、荒れる学校などが、社会問題となる。

一方、1966年（昭和41年）「後期中等教育の拡充整備について」の答申が示され、学校教育の多様化がすすめられる。また、「期待される人間像」にて、法律を守ること、自らの国を愛すること、などが示された。

その後、1977年（昭和52年）の『学習指導要領』改訂にて、学習内容と授業時数を削減する、いわゆる「ゆとり教育」がすすめられることになる。そして、1984年（昭和59年）内閣総理大臣の諮問機関として、臨時教育審議会が設置された。これは、3年間の期限内で、生涯学習、教育における個性尊重、教育の国際化と情報化、などの教育改革に着手するものであった。

平成時代の教育

平成の時代に入り、「ゆとり教育」を継承しつつ、1989年（平成元年）『学習指導要領』が改訂され、新しい学力観が示される。これは、知識偏重の学力観をあらため、自ら課題を見つけ、自ら学ぶ意欲と思考力や判断力および表現力を重視する学力観である。すなわち、知識・理解のみならず、興味・関心・意欲も学力として重要視するのである。続いて、1998年（平成10年）の『学習指導要領』の改訂では、「生きる力」を育むことをめざし、「総合的な学習の時間」を新たに設置し、学校週5日制の実施をすすめる。

一方、2001年（平成13年）文部科学省は、これまでの「ゆとり教育」の方向を転換するべく、『学習指導要領』は「最低基準」であると表明する。そして、2002年（平成14年）当時の文部科学大臣が、「確かな学力の向上のアピール－学びのすすめ」を公表する。結果、2008年（平成20年）『学習指導要領』の改訂では、「生きる力」を育むことを継承しつつ、授業時間数を増やし、「確かな学力の確立」をめざすことになる。このように、学力をめぐる解釈により、文部行政は混迷を深めることになる。

そして、2018年（平成30年）学習指導要領が全面改訂される。その基本的な考え方は、まず教育基本法および学校教育法などをふまえ、これまでの日本の学校教育の実践や蓄積を活かし、子どもたちが未来社会を切り拓くための資質・能力を一層確実に育成することをめざす。その際、子どもたちに求められる資質・能力とは何かを社会と共有し、連携する「社会に開かれた教育課程」を重視する。次いで、知識および技能の習得と思考力、判断力、表現力などの育成のバランスを重視する現行学習指導要領の枠組みや教育内容を維持したうえで、知識の理解の質をさらに高め、確かな学力を育成する。そして、先行する特別教科化など道徳教育の充実や体験活動の重視、体育・健康に関する指導の充実により、豊かな心や健やかな体を育成する。

参考文献
プラトン、藤沢令夫訳『国家』（上・下）、岩波文庫、1979年。
プラトン、藤沢令夫訳『パイドロス』岩波文庫、1967年。
コメニウス、鈴木秀勇訳『大教授学』明治図書、1965年。
コメニウス、大田光一訳『パンパイデイア』東信堂、2015年。
ルソー、今野一雄訳『エミール』（上・中・下）、岩波文庫、1962年。
ルソー、桑原武夫訳『社会契約論』岩波文庫、1954年。
ペスタロッチ、長田新訳『隠者の夕暮れ・シュタンツだより』岩波文庫、1982年。
ペスタロッチ、東岸克好・米山弘訳『隠者の夕暮れ・白鳥の歌・基礎陶冶の理念』
　　　玉川大学出版部、1988年。
フレーベル、荒井武訳『人間の教育』（上・下）、岩波文庫、1964年。
カント、三井善止訳『人間学・教育学』玉川大学出版部、1986年。
デューイ、宮原誠一訳『学校と社会』岩波文庫、1957年。

デューイ、松野安男訳『民主主義と教育』（上・下）、岩波文庫、1975 年。
デュルケム、佐々木交賢訳『教育と社会学』誠信書房、1982 年。
デュルケム、麻生誠・山村健訳『道徳教育論』講談社学術文庫、2010 年。
ヘルバルト、三枝孝弘訳『一般教育学』明治図書出版、1960 年。
福澤諭吉『学問のすゝめ』岩波文庫、1978 年。
長尾十三二『西洋教育史』東京大学出版会、1991 年。
山本正身『日本教育史』慶應義塾大学出版会、2014 年。
眞壁宏幹『西洋教育思想史』慶應義塾大学出版会、2016 年。

第3章　教育の内容

1　教育内容と教育課程

教育内容

　学校ではどのようなことを学ぶのか、このことは近代の学校教育制度が構築されるなかで重要な課題であった。現状、いわゆる科学技術、特に情報機器の進展にともなう社会の変化は著しい。そして、その変化は地球規模と言っても過言ではない。このようなめまぐるしい社会変革のなか、これまで人間が創り上げてきた文化・文明、そしてその内容は膨大なものであり、これらを人間は如何に次の世代に引き継ぎさらに発展させていくのか、このことがいつも問われてきた。

教育課程の概念

　教育課程とは、学校が示す教育目的を実現するために、組織的かつ計画的にすすめられる、教科および教科外活動の総体である。また、言い換えれば、教育課程とは、教育内容をある一定の基準にしたがって組織的かつ計画的に配列する教育活動の全体計画である。

　教育課程は、カリキュラムとも称され、ラテン語の「走ること」がその語源とされ、「競走路のコース」を意味した。この教育課程の編成において留意しなければならないことに、スコープ（scope）とシークエンス（sequence）の考え方がある。すなわち、教育内容として、何を選択するのか（スコープ）、そしてそれをどのような順序で配列するのか（シークエンス）、である。

一方、教育課程のありように、学校が教育内容をあらかじめ組織的かつ計画的に編成した「顕在的カリキュラム」と、教師が無意図的に子どもたちに働きかけたり学校全体で子どもたちが経験する「潜在的カリキュラム」、がある。すなわち、子どもたちは、学校においてその文化や伝統、校風、教室での子どもどうしの人間関係、また教師と子どもの人間性とのふれあい、などによってさまざまなことを経験する。このことをふまえて、教育課程全体を構成することが肝要である。

具体的には、学校は各校種毎に教育課程を編成し、それは学校教育法施行規則に則り、教育課程の基準として各校種毎の『学習指導要領』に示されている。

「小学校の教育課程は、国語、社会、算数、理科、生活、音楽、図画工作、家庭、体育及び外国語の各教科、特別の教科道徳、外国語活動、総合的な学習の時間並びに特別活動によって編成する。」（学校教育法施行規則第50条）

「中学校の教育課程は、国語、社会、数学、理科、音楽、美術、保健体育、技術・家庭及び外国語の各教科、特別の教科道徳、総合的な学習の時間並びに特別活動によって編成する。」（学校教育法施行規則第72条）

「高等学校の教育課程は、別表第三に定める各教科に属する科目、総合的な学習の時間及び特別活動によって編成する。」（学校教育法施行規則第83条）

そして、教育課程を編成する際の基本的な事項が、文部科学大臣が公示する『学習指導要領』に、『第1章 総則』において「小学校教育の基本と教育課程の役割」として記されている。

『小学校学習指導要領』

第1章 総則

第1 小学校教育の基本と教育課程の役割

1 各学校においては、教育基本法及び学校教育法その他の法令並びにこの章以下に示すところに従い、児童の人間として調和のと

れた育成を目指し、児童の心身の発達の段階や特性及び学校や地域の実態を十分考慮して、適切な教育課程を編成するものとし、これらに掲げる目標を達成するよう教育を行うものとする。

2　学校の教育活動を進めるに当たっては、各学校において、第3の1に示す主体的・対話的で深い学びの実現に向けた授業改善を通して、創意工夫を生かした特色ある教育活動を展開する中で、次の（1）から（3）までに掲げる内容の実現を図り、児童に生きる力を育むことを目指すものとする。

（1）基礎的・基本的な知識及び技能を確実に習得させ、これらを活用して課題を解決するために必要な思考力、判断力、表現力等を育むとともに、主体的に学習に取り組む態度を養い、個性を生かし多様な人々との協働を促す教育の充実に努めること。その際、児童の発達の段階を考慮して、児童の言語活動など、学習の基盤をつくる活動を充実するとともに、家庭との連携を図りながら、児童の学習習慣が確立するよう配慮すること。

（2）道徳教育や体験活動、多様な表現や鑑賞の活動等を通して、豊かな心や創造性の涵養を目指した教育の充実に努めること。

　　学校における道徳教育は、特別の教科である道徳（以下「道徳科」という。）を要として学校の教育活動全体を通じて行うものであり、道徳科はもとより、各教科、外国語活動、総合的な学習の時間及び特別活動のそれぞれの特質に応じて、児童の発達の段階を考慮して、適切な指導を行うこと。

　　道徳教育は、教育基本法及び学校教育法に定められた教育の根本精神に基づき、自己の生き方を考え、主体的な判断の下に行動し、自立した人間として他者とともによりよく生きるための基盤となる道徳性を養うことを目標とすること。

　　道徳教育を進めるに当たっては、人間尊重の精神と生命に対する畏敬の念を家庭、学校、その他社会における具体的な生活の中に生かし、豊かな心をもち、伝統と文化を尊重し、それら

を育んできた我が国と郷土を愛し、個性豊かな文化の創造を図るとともに、平和で民主的な国家及び社会の形成者として、公共の精神を尊び、社会及び国家の発展に努め、他国を尊重し、国際社会の平和と発展や環境の保全に貢献し未来を拓く主体性のある日本人の育成に資することとなるよう特に留意すること。

(3) 学校における体育・健康に関する指導を、児童の発達の段階を考慮して、学校の教育活動全体を通じて適切に行うことにより、健康で安全な生活と豊かなスポーツライフの実現を目指した教育の充実に努めること。特に、学校における食育の推進並びに体力の向上に関する指導、安全に関する指導及び心身の健康の保持増進に関する指導については、体育科、家庭科及び特別活動の時間はもとより、各教科、道徳科、外国語活動及び総合的な学習の時間などにおいてもそれぞれの特質に応じて適切に行うよう努めること。また、それらの指導を通して、家庭や地域社会との連携を図りながら、日常生活において適切な体育・健康に関する活動の実践を促し、生涯を通じて健康・安全で活力ある生活を送るための基礎が培われるよう配慮すること。

3 2の(1)から(3)までに掲げる内容の実現を図り、児童に生きる力を育むことを目指すに当たっては、学校教育全体並びに各教科、道徳科、外国語活動、総合的な学習の時間及び特別活動（以下「各教科等」という。ただし、第2の3の(2)のア及びウにおいて、特別活動については学級活動（学校給食に係るものを除く。）に限る。）の指導を通してどのような資質・能力の育成を目指すのかを明確にしながら、教育活動の充実を図るものとする。その際、児童の発達の段階や特性等を踏まえつつ、次に掲げることが偏りなく実現できるようにするものとする。

(1) 知識及び技能が習得されるようにすること。

(2) 思考力、判断力、表現力等を育成すること。

(3) 学びに向かう力、人間性等を涵養すること。

第3章 教育の内容 41

　　4　各学校においては、児童や学校、地域の実態を適切に把握し、
　　　教育の目的や目標の実現に必要な教育の内容等を教科等横断的な
　　　視点で組み立てていくこと、教育課程の実施状況を評価してその
　　　改善を図っていくこと、教育課程の実施に必要な人的又は物的な
　　　体制を確保するとともにその改善を図っていくことなどを通し
　　　て、教育課程に基づき組織的かつ計画的に各学校の教育活動の質
　　　の向上を図っていくこと（以下「カリキュラム・マネジメント」
　　　という。）に努めるものとする。

教育課程の類型

(1) 教科カリキュラム

　教科カリキュラムは、これまでの人間が創り出した知識や技能をはじめ
とする文化遺産を、児童生徒が学ぶことが望ましいとされる内容を選択
し、構成されたものである。たとえば、言語、歴史、数学、自然科学など
の領域を分類し、それを具体的に各教科に対応させるべく編成されたもの
である。

　これは、系統主義の教育課程とも言われ、各教科において学習内容が体
系化され、基本的な知識や技術などが系統的に配列される。教師にとって
は、効率的に学習をすすめさせることが可能となるが、児童生徒にとって
は、知識の画一的かつ注入的な詰め込み教育になるとも考えられる。ま
た、系統化された教科では、教科間相互のかかわりが薄くなることから、
学習を統合させるカリキュラムが考え出された。まずは、教科の位置付け
は残しつつ、各教科で内容が共通するところについて関連付けて学習を展
開させる相関カリキュラムである。次に、関連の深い教科をまとめてひと
つの教科とする融合カリキュラムである。さらに、教科の枠組を取り除き
構成する広領域カリキュラムである。

(2) 経験カリキュラム

　経験カリキュラムは、教師中心の伝統的な教科カリキュラムの問題を改
善すべくアメリカのデューイによって考案されたものである。これは、児

童中心主義および経験主義にもとづくもので、学習者である児童生徒の興味や関心および欲求を尊重し、児童生徒の日常生活における出来事に対応することを重視するカリキュラムである。一方、これは系統的な学習をすすめるよりは、児童生徒の学習課題の設定を重視するので、学習をさらに深め発展させることが難しくなり、基礎学力の定着がゆらぐおそれがあるとも考えられる。

　要するに、これらのカリキュラムの類型は、児童・生徒の様子を十分考慮し、最良のカリキュラムを編成することが求められるのである。

2　学習指導要領

学習指導要領とは

　学習指導要領とは、文部科学省が作成し、小学校・中学校・義務教育学校・高等学校・中等教育学校・特別支援学校の教育課程（カリキュラム）の基準となるものである。具体的には、学習内容の項目や取り扱い上の留意事項、各学年の目標などが記載されている。

学習指導要領の変遷

　1947 年（昭和 22 年）初めての『学習指導要領』が、「教師のための手引き（試案）」として発行された。これは、アメリカ GHQ（連合国軍最高司令官総司令部）の教育担当部局 CIE（民間情報教育局）がすすめる日本の教育改革のながれのなか、第 1 次アメリカ教育使節団の報告書を受けて、アメリカの「コース・オブ・スタディ」を参考に作成された。その趣旨は、アメリカのデューイの児童中心主義および経験主義の教育思想を導入するものであった。すなわち、子どもの興味や自発性が重視され、個性尊項の教育がすすめられ、教師にも自主的な教育内容の検討が奨励された。

　次に、この手引きのなかで、学習指導要領の意義について記されてた一文を引用しておきたい。

「―なぜこの書はつくられたか」

　いまわが国の教育はこれまでとちがった方向にむかってすすんでいる。この方向がどんな方向をとり、どんなふうのあらわれを見せているかということは、もはやだれの胸にもそれと感ぜられていることと思う。このようなあらわれのうちでいちばんたいせつだと思われることは、これまでとかく上の方からきめて与えられたことを、どこまでもそのとおりに実行するといった画一的な傾きのあったのが、こんどはむしろ下の方からみんなの力で、いろいろと、作りあげて行くようになって来たということである。(略)

　もちろん、教育に一定の目標があることは事実である。また一つの骨組みによって従って行くことを要求されていることも事実である。しかしそういう目標に達するためには、その骨組みに従いながらも、その地域の社会の特性や、学校の施設の実情や、さらに児童の特性に応じて、それぞれの現場でそれらの事情にぴったりした内容を考え、その方法を工夫してこそよく行くのであって、ただあてがわれた型のとおりにやるのでは、かえって目的を達するに遠くなるのである。またそういう工夫があってこそ、生きた教師の働きが求められるのであって、型のとおりにやるのなら教師は機械にすぎない。そのために熱意が失われがちになるのは当然といわなければならない。これからの教育が、ほんとうに民主的な国民を育てあげて行こうとするならば、まずこのような点からあらためられなければなるまい。(略)

　この書は、学習の指導について述べるのは目的であるが、これまでの教師用書のように、一つの動かすことのできない道を決めて、それを示そうとするような目的でつくられたものではない。新しく児童の要求と社会の要求とに応じて生まれた教科課程をどんなふうにして生かして行くかを教師自身が自分で研究して行く手引きとして書かれたものである。

その後、『学習指導要領』は、およそ10年毎に改訂されることになる。次いで、1958年（昭和33年）の改訂では、文部省「告示」となり、いわゆる法的拘束力を有することとなる。そして、当時の社会情勢の変化を受けて、経済成長や科学技術の進展に対応すべく、教育政策の転換がすすめられる。すなわち、児童中心主義や経験主義の当時の新教育がいわゆる基礎学力の低下を招くものとされ、系統的な学習が求められることになる。そして、基礎学力の充実を図るため、小学校における国語・算数の時間数の増加、また科学技術教育重視のため数学・理科の時間数の増加がすすめられた。一方、道徳教育の必要性が唱えられ、道徳の時間が特設される。

　続いて、1968年（昭和43年）いわゆる高度経済成長の後半に入り、このさらなる経済成長を支える人材養成が求められ、教育内容の現代化を図るべく改訂がすすめられた。教育内容の現代化とは、最新の学習理論などにもとづき現代科学の成果を教えることとされた。すなわち、教育内容の系統性の重視また学習内容の精選を図り、教育水準の向上をめざす。しかし一方において、いわゆる「落ちこぼれ」問題がはじまることになる。

　1977年（昭和52年）の改訂では、人間性豊かな児童生徒を育成することや、ゆとりのある教育をすすめることをめざした。すなわち、先の改訂後、教育の現代化をすすめるカリキュラム編成にて、教育内容が増えまた難易度もあがり、学習時間不足も発生し、さらなる「落ちこぼれ」を量産する結果に至る。また、さらなる偏差値教育による学校の序列化が一層すすみ、受験競争が激化することになる。そして、少なくない児童・生徒の学校への不適応症状が露呈し、いじめや校内暴力が増加することとなる。そして、これらを克服すべく、「ゆとりの時間」（学校裁量時間）を設定し、ゆとりある教育課程の編成をめざす改訂がすすめられることになる。

　1989年（平成元年）の改訂では、1984年（昭和59年）「臨時教育審議会」の答申（個性重視の原則、生涯学習体系への移行、国際化・情報化の重視）を受けて、さらにのちの中央教育審議会答申および教育課程審議会答申をふまえる。たとえば、心豊かな人間性の育成、自己教育力の育成、基礎・基本の定着、個性教育の推進、国際理解教育の推進、日本の伝統・文化の

尊重、などが要点とされた。また、小学校1・2年生の教科である理科・社会を生活科に変更する。中学校では、選択教科を増やし習熟度別編成を導入する。高校では、社会科を地理・歴史科と公民科に再編し、家庭科を男女必修にする。さらに、新しい学力観として、いわゆる知識・理解や技能・表現より、関心・意欲・態度や思考・判断を重視する方向性を示した。

1998年（平成10年）の改訂では、「生きる力」を主要概念とする。「生きる力」とは、如何に社会が変容しようとも、自ら課題を見つけ自ら学び自ら考え、主体的に判断し行動し、よりよく問題を解決する資質や能力のことである。言い換えれば、自らを律しつつ他人とともに協調し、他人を思いやるこころや感動する心などの豊かな人間性のことであり、またたくましく生きるための健康や体力のことでもある。そして、学校週5日制のもと、ゆとりのなかで生きる力を育むことがめざされた。具体的には、「総合的な学習の時間」が導入される。その趣旨は、各学校が創意工夫を生かした特色ある教育活動を展開し、国際理解・情報・環境・福祉・健康など横断的かつ総合的な学習をすすめることであった。

一方、このゆとりのなかで生きる力を育むことをめざすなか、PISA（Program for International Student Assessment、OECD経済協力開発機構が3年毎に15歳児を対象に行う学習到達度調査）などの国際学力調査で、いわゆる「学力低下」が問題となり、ゆとり教育への批判がおこった。これに対応すべく、文部科学省は2002年（平成14年）「確かな学力の向上のための2002アピール〈学びのすすめ〉」を公表し、2003年（平成15年）学習指導要領の一部改正をすすめた。

2008年（平成20年）改訂では、前回の「生きる力」を継承し、これをさらに具体的に実現すべくすすめられた。2006年（平成18年）には教育基本法が改正され、特に義務教育の目的・目標が明確に示され、今回の改訂に反映された。すなわち、「生きる力」とは、確かな学力つまり基礎・基本の定着をめざし、如何なる社会変化にも適応すべく、自ら課題を見つけ自ら学び自ら考え、主体的に判断し、よりよく問題を解決する資質や能力のことであるとする。そして、この「生きる力」の育成が求められるの

は、いわゆる知識基盤社会と言われる現状において、多様に変化する現代社会に柔軟に対応する能力が必要であると考えられるからである。要点としては、基礎・基本の定着を重視する、またそのために必要な授業時間数を確保する、一方思考力・判断力・表現力の育成を図る、などである。そして、言語教育、理数教育、日本の伝統・文化に関する教育、小学校における外国語活動の導入、などがすすめられる。

　2015年（平成27年）には、学習指導要領を一部改正し、特設の時間であった小学校・中学校の道徳を、「特別の教科道徳」と新たに位置付ける。

　そして、2018年（平成30年）学習指導要領が全面改訂される。その基本的な考え方は、まず教育基本法および学校教育法などをふまえ、これまでの日本の学校教育の実践や蓄積を活かし、子どもたちが未来社会を切り拓くための資質・能力を一層確実に育成することをめざす。その際、子どもたちに求められる資質・能力とは何かを社会と共有し、連携する「社会に開かれた教育課程」を重視する。次いで、知識および技能の習得と思考力、判断力、表現力などの育成のバランスを重視する現行の学習指導要領の枠組みや教育内容を維持したうえで、知識の理解の質をさらに高め、確かな学力を育成する。そして、先行する特別教科化など道徳教育の充実や体験活動の重視、体育・健康に関する指導の充実により、豊かな心や健やかな体を育成する。

　さらに、具体的には、知識の理解の質を高め資質・能力を育む「主体的・対話的で深い学び」を重視する。すなわち、「何ができるようになるのか」を明確にする。そして、知・徳・体にわたる「生きる力」を子どもたちに育むため、「何のために学ぶのか」という学習の意義を共有しながら、授業の創意工夫や教科書などの教材の改善を引き出していくことができるように、すべての教科などを、①知識および技能、②思考力、判断力、表現力等、③学びに向かう力、人間性等の3つの柱で再整理する。

3 教科書

教科書とは

　教育の内容が学習指導要領に示され、それを具体化することを目的に作成されるのが教科書である。教科書とは、「小学校、中学校、義務教育学校、高等学校、中等教育学校及びこれらに準ずる学校において、教育課程の構成に応じて組織排列（配列）された教科の主たる教材として、教授の用に供せられる児童又は生徒用図書であり、文部科学大臣の検定を経たもの又は文部科学省が著作の名義を有するもの」とされている。（教科書の発行に関する臨時措置法第2条）

　教科書は、正式には「教科用図書」と称され、すべての児童・生徒は、学校で教科書を用いて学習する必要が法律で定められている。「小学校においては、文部科学大臣の検定を経た教科用図書又は文部科学省が著作の名義を有する教科用図書を使用しなければならない。」（学校教育法第34条）

教科書制度

　現在日本の教科書制度は、国定制度ではなく検定制度である。すなわち、民間の教科書発行者による教科書の著作・編集が基本となり、各発行者が学習指導要領・教科用図書検定基準などにもとづき、創意工夫を加えた教科用図書を作成し検定申請を行う。そして、この検定とは、民間の発行者からの検定申請について、まさに教科書として適切であるか否かを文部科学大臣の諮問機関である教科用図書検定調査審議会に諮問し、また文部科学省の教科書調査官による調査をすすめ、審議会での専門的・学術的審議を経て答申し、文部科学大臣がこの答申にもとづき認めることを意味する。

　次に、採択とは、検定済教科書に関して、通常1種目（教科書ごとに分類された単位のこと。たとえば、小学校国語1年から6年、中学校社会（地理の分野）、高等学校数学Ⅰ）について数種類存在するため、このなかか

ら学校で使用する1種類の教科書が決定されることである。また、採択の権限は、公立学校については所管の教育委員会に、国・私立学校については校長にある。

そして、国・公・私立の義務教育諸学校で使用される教科書については、全児童・生徒に対して国の負担によって無償で給与される。

教科書検定の必要性

小学校・中学校・義務教育学校・高等学校の学校教育においては、国民の教育を受ける権利を実質的に保障するため、全国的な教育水準の維持向上、教育の機会均等の保障、適正な教育内容の維持、教育の中立性の確保などが要請される。文部科学省においては、このような要請にこたえるために小学校・中学校・義務教育学校・高等学校の教育課程の基準として学習指導要領を定めるとともに、教科の主たる教材として重要な役割を果たしている教科書について検定を実施する。検定は、それぞれの教科書について、おおむね4年ごとの周期で行われる。

第3章 教育の内容 49

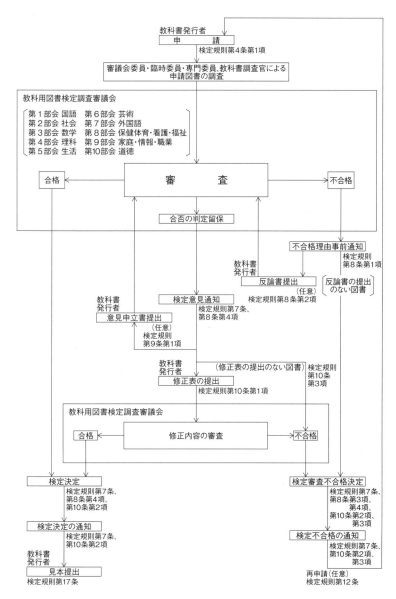

第3図 教科書検定の手続
(根拠)
検定規則：教科用図書検定規制

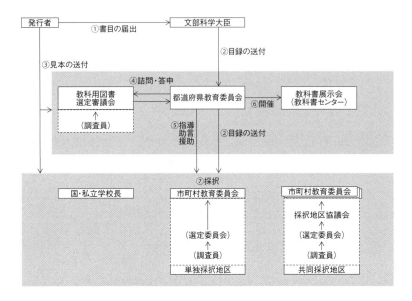

第4図　義務教育諸学校用教科書の採択の仕組み

参考文献

東京大学教育学部カリキュラム・イノベーション研究会『カリキュラム・イノベーション』東京大学出版会、2015年。

小学校・中学校・高等学校『学習指導要領』文部科学省。

第4章　教育の方法

1　教育方法の本質

教育方法とは

　教育は、人間が人間として生きていくために必要で、また望ましい知識・技能・規範などの学びを促進する意図的かつ計画的な働きかけであり、それにともなう活動である。そして、この働きかけである教育の作用は、一般に教育方法と称される。すなわち、教育方法とは、教育の実際をその構造において理解することであり、人間の意識的な対象行為の道筋である。言い換えれば、教育方法とは、子どもが成長していくための手立てである。それ故、教育方法は、まさに学習とその仕方にかかわることなのである。

教育方法の変遷

　古代ギリシャにみられる対話ないし問答という様式から、現在のICTおよび「主体的・対話的で深い学び」という様式までにおいて共通して言えることは、教える立場と学ぶ立場の相互の作用や浸透、あるいは相互の矛盾や統一がみられることである。このことがまさに教育の実践であり、その具体的な展開が教育の方法なのである。

　人間は、これまでの長い歴史のなかで、この学習の成立の展開、または学習の仕方の手順や手続きおよび手段などについてさまざまに考え、創意工夫によってその論理を組み立て、一定の理論的な枠組みを作り上げてきた。古代においては、ソクラテスは、真理の探究過程において「無知の知」

の重要性について述べ、対話にもとづく問答法を考案した。さらに、中世からルネッサンスを経て、人間固有の学習の能力を開発し形成するための自発性や直感および興味などの方法の原理が考案され、既成の文化を習得する能力や自然と社会に関する認識の能力を高めた。

たとえば、ルソーは、子どもの自発活動を重視し経験による教育を唱えた。また、ペスタロッチは、貧民学校や孤児院の経営に携わり直感教授を提唱し、新たな教育の方法を構築した。さらに、このペスタロッチの直感の原理を科学的に基礎付け段階としての方法を考えたのが、ヘルバルトであった。続いて、デューイは、実験学校を創設し、学校のなかに社会生活のありようを導入し、知識は現実の生活においてその意味が明らかにされることを述べ、経験の概念を教育方法の原理として発展させた。

問題解決学習理論と教授理論の展開

ヘルバルトにはじまる教授理論は、体系的な理論ではあるが、子どもの心理を重視するも、実際には教師中心の教授論であった。結果、形式が先行し画一的な教育への批判がなされ、それに対して個性尊重や自主的・創造的・活動的な児童中心主義のいわゆる新教育運動が提唱される。そして、この新教育運動がアメリカにわたり、進歩主義教育運動として展開する。その教育理論の中心に、問題解決学習理論をはじめとする教授理論の発展がある。

問題解決学習理論は、プラグマティズムを提唱するデューイにより考案されたもので、子どもの自発・創造・活動の原理にもとづく実践的な教授課程論である。また、プロジェクト法は、キルパトリックによるもので、子ども自らの内面からの推進力としての目的をもった活動が重要であると考えるものである。ドルトンプランは、パーカストが提唱し、子どもが一定の教科の学習を、自らの進度で自らの興味と能力に応じてすすめる自由の原理と、集団の相互作用にてすすめる協同の原理とを基本とするものである。

2　学習指導の形態

一斉教授

　一斉教授とは、原則として同一年齢の子どもに、同一教材によって指導する教授法である。これはコメニウスが提唱し、教師が中心となって、多数の子どもを対象に知識を伝達する方法であった。また、一定の時期に同一年齢の子どもを多数同時に集めて、これを学級として編成した。さらに、学年に応じた教育内容をまとめた教科書が用いられ、またイギリスのベル・ランカスターによって、助教法による学級編成が考案されることにより、一斉教授の有効性が明らかとなり現代に至るまでの教育形態のひとつとなる。一方、この教授形態は、教師中心で子どもを受身の立場に置くことによって批判を受け、子どもの自発活動を尊重する主張がなされることになる。

個別教授

　近代学校教育における学級は、学習理解の同程度の子どもで編成されるのではなく、さまざまな程度の子どもが一緒に編成されている。この場合、一人一人の子どもの能力や適性を可能な限り発展展開させていくことをめざす考えが教授の個性化であり、その指導形態が個別教授である。一方、この子ども一人一人の個性を伸ばす方法のひとつに、学習の習熟の度合いに応じて学級を分ける「習熟度別学級編成」がある。これは、習熟度別の編成によって、学級を構成する子どもの習熟度を均等にし、教育の効果を高めることをめざすものである。そして、習熟度別編成によって学級内の子どもの等質化をはかることをめざし、教師の指導を単純にしまた重点的な指導を可能にするものである。

共同教授

　一斉教授と個別教授のそれぞれの長所を取り入れ、教育の効果をはかる

のが、共同教授の形態である。人間は、常に何らかの社会関係のなかで生活しているのであり、ある集団にて相互のかかわりをもちながら行動する場合は、時にひとりで行動する場合よりその結果が異なることがある。このことを学習の場に適応することが、共同教授である。この効果としては、集団内における感応が考えられる。すなわち、ひとりで学習をすすめるよりは、同様の学習をしている集団での共同の雰囲気に感応して、集団全体の学習の内容程度や速度水準が高まると同時に、自らの学習が深まることを意味する。

3　教育評価

教育評価とは

　教育評価とは、教育活動のなかでどのような学びがなされたのか、またどのような育ちが実現したのかを確かめるものであり、その結果の教育的な活用である。したがって、教育における評価活動は、学びと育ちの状況を見てとり、それを何らかの基準で判断し、次の段階へ向けてそれを生かすことである。

　この教育評価の営みは、日本でも約7世紀の飛鳥時代にもみられ、その後いろいろと試行錯誤を経て、現在においてもさまざまな試みが続けられている。

評価の意義

　評価の意義として、子どもにとっては、自らの学習進度を確認することができることにより、自己を再認識する機会となり、今後の自らのすすむべき方向を定めることができることである。また、教師にとっては、学習における子どもの実態を把握することができ、そのことによって教育目標の実現状況を確認し、さらにその実現に向けた方策を考えることができることである。

そして、学校管理においては、教育の水準維持をめざし、教育の社会的責任を明らかにすることができることである。

評価の客観性

評価は、知識・理解・技能だけではなく、関心・意欲・態度を重視することも必要であると言われる。また、筆記試験中心の評価だけでは、子どもの能力の一面しかとらえていないとも言われる。しかし、一方において、関心や意欲または思考力や判断力などは、客観的に見極めることが難しく、そこにはどうしても見極める側の主観が入り込むことになるとの指摘がある。そこに、評価の客観性の問題が生じる。つまり、評価は必ずしも客観的なものでなければならないのか、そこに主観が入り込むと評価は成り立たなくなるのか。この問題すなわち客観的な判断をめざす試みは、連綿と積み重ねられていることも事実である。そもそもの評価の歴史は、まずもってどのようにすれば客観的に評価することができるかを検討するものであった。

教育的評価と客観的測定

評価の客観性重視の動向に、一方において疑問が投げかけられることになる。それは、デューイによって提唱される進歩主義教育運動においてである。つまり、子どもが自らの力で課題を見つけ、自分なりにそれを追求し問題を解決していく学びの過程を重視する考えであった。これが、経験主義的な問題解決学習理論であった。表面的な知識や理解を習得するだけではなく、関心の深まりや意欲の高まり、また自らに根拠をもつ思考力や判断力のような学力の基礎となるものを育成することを重視する考えであった。

したがって、客観的に評価が困難である領域に、どのように対応するのかが問題とならざるを得ない。すなわち、この客観的に評価が困難である領域が存在することを認めることが、教育のありようのなかで大切なことであることを忘れてはならないとの指摘である。

要するに、客観性を重視することが問題なのではなく、客観性を第1の条件にすることを再度検討することである。つまり、第1の条件とは、教育の目的や目標にもとづいた評価のありようである。特に、目標において、客観的に把握しやすい知識や理解のみならず、客観的に把握がやや難しい関心や意欲もその対象とすることが必要なのである。

絶対評価と相対評価

　評価の基準の問題は、絶対評価と相対評価のありようを考える時、ある程度明らかになる。

　絶対評価とは、他と比較することなく、その対象そのものを評価者自身のなかにある評価基準によって判断するものである。これは、認定評価とも称する。また、一方、到達度評価もあり、これは目標に準拠する評価のことであり、評価者から確認可能な到達基準を設定しその関係において判断するものである。そして、個人内評価も含まれ、これはその個人の時系列における進捗状況を判断するものであり、特別支援教育において活用される。

　相対評価とは、基本的には集団内における比較において判断するものである。この場合の評価基準を集団基準と称し、これは所属集団の平均と分散を意味する。

4　ICT(Information and Communication Technology)

ICT とは

　IT とは、情報や通信に関する技術一般の総称であり、情報通信技術と訳される。そして、教育における ICT は、情報コミュニケーション技術と称される。これまで IT と呼ばれたものが、コミュニケーションを重視するなか ICT の表現となり、PC、iPad、iPhone などのハードウエア、また OS などのソフトウエアを含めたものである。

授業における ICT とは、その授業の目標達成のために ICT を活用することを意味する。そして、子どもが ICT を活用する場合と教師が ICT を活用する場合があるが、いずれの場合も学習指導要領に示されている教科などの目標を達成することが求められる。

情報教育の学習モデル

子どもが主体的に行う問題解決力を育成する学習モデルは、教師と子どもとの間に生じる知識の伝達や受容の関係としてとらえるのではなく、子どもが学習目標にもとづいて、問題解決の対象となる領域の状況を認識することからはじまる。そしてそのうえで、問題の所在を明らかにし、次のながれで学習が進行する。①情報の収集（調査分析、yahoo、google、などでの検索）、②計画、③問題解決（実行）、④評価・改善、⑤発表。つまり、学習活動を、この①から⑤に従いすすめたのちに、学習結果から必要な知識を獲得し再構成する。また、学習方法を習得したり、原理を発見することもある。そして、この①から⑤の学習過程において、知識を共有し、再度活用することを繰り返しながら学習をすすめていくのである。

校務処理の実践

インターネットを媒介に学習管理を行うものが、学習管理システム（LMS; Learning Management System）である。具体的には、学習者である子どもを登録・管理すること、教材の内容および枠組みを表示すること、学習者である子どもの進捗状況を管理すること、教材内容の履歴情報を管理すること、などである。

学習指導の実践

インターネットを活用する学習指導の実践として代表的なものが、e-Learning（electric-Learning）である。すなわち、e-Learning は、情報技術を利用したすべての学習指導を示す場合や、情報技術の特徴を的確にとらえて、それを生かした学習のみに使用する場合がある。したがって、

e-Learning の形態もさまざまではあるが、教師は、情報技術が教育のために何ができるのか、教育は情報技術に何を求めるのかを常に検討しなければならない。

　e-Learning 形態の特徴としては、情報通信ネットワークを利用した遠隔教育や通信教育があげられる。また、e-Learning の学習および教育効果としては、個別学習における効果や協調学習における効果が考えられる。

5　「主体的・対話的な深い学び」と PBL

「主体的・対話的な深い学び」とは

　「主体的・対話的な深い学び」とは、教員による一方向的な講義形式の教育とは異なり、学修者の能動的な学修への参加を取り入れた教授や学習法の総称である。学修者が能動的に学修することによって、認知的、倫理的、社会的能力、教養、知識、経験を含めた汎用的能力の育成を図る。発見学習、問題解決学習、体験学習、調査学習などが含まれるが、教室内でのグループ・ディスカッション、ディベート、グループ・ワークなども有効な「主体的・対話的で深い学び」の方法であると考えられている。

「主体的・対話的で深い学び」の特徴

- 児童生徒が、授業を聴く以上のかかわりをしていること。
- 情報の伝達より、児童生徒の学習能力の育成に重きが置かれていること。
- 児童生徒が、学ぶ内容を確認しそしてまとめさらに問題点を明らかにしていくこと。
- 児童生徒が、課題文を読みそして議論し自らの考えを書くこと。
- 児童生徒が自らの態度や価値観を探究することに重きが置かれていること。
- 児童生徒が、問題解決のために知識を用いて他の児童生徒に話した

り発表したりすること。

「主体的・対話的で深い学び」の課程

基本的には、まず動機付けとして、問題に対する意識的かつ実質的な興味を呼び起こすことである。すなわち、児童生徒にこれまでの知識や経験ではこの問題に対応することが難しいことを認識させる。次に、方向付けとして、問題の解決へ向けて学習活動をはじめる。そして、その問題の解決に必要な知識内容の説明をし、新たな知識の習得をめざす。さらに、習得した知識を実際に適用し、問題の解決を試みる。そして、問題の解決ができれば、それを応用することを学ぶ。一方、問題解決の際に習得した知識の限界を知り、さらなる知識の習得をめざす。最後に、これまでの学びをふりかえり、必要に応じて修正を行い次の学習へと向かうのである。

PBL（Problem-Based Learning）とは

PBL とは、課題解決型学習と称され、PBL 授業は、児童生徒の主体的な学習活動が中心の授業である。教員の役割は何かを教えることではなく、児童生徒の学習を支援することである。

PBL の特徴

- 4〜8人の児童生徒で1つのグループを作り、学習に取り組む。
- 予備知識にかかわらず、取り組むべき問題が示される。
- グループで、問題解決のための学習計画を立てる。
- 学習に必要な参考資料を自ら選ぶ。

PBL の課程

基本的には、まず児童生徒にとって身近な問題を示す。次に、何が問題であるのかを考え、その解決のために何をどのように学習するのかを決める。そして、その学習内容を書き留めグループ内で報告しあう。さらに、このことをふまえて自らの問題解決への道筋を示し、追加で学習する内容

を確認する。最後に、自らの問題解決の方策を提示し、次なる課題も明らかにする。

参考文献

細谷俊夫『教育方法』岩波全書、1991 年。

廣田佳彦『教育方法の本質』関西学院大学出版会、2012 年。

梶田叡一『教育評価入門』協同出版、2007 年。

西岡加名恵・石井英心・田中耕治『新しい教育評価入門』有斐閣、2015 年。

原田恵理子・森山賢一『ICT を活用した新しい学校教育』北樹出版、2015 年。

岡谷英明『学びを創る教育評価』あいり出版、2017 年。

第5章 教育の制度

1 近代公教育制度の成立

学校の起源

　人類が創り出したさまざまな文化や文明の蓄積が複雑になり、その蓄積の大部分が文字記号によって書き留められ、文書などによって伝達されることになり、この伝達をより効果的にすすめるために学校が考案されることになる。すなわち、文字による文化や文明を伝達する役割が高まり、そのための集中する学習が要求されるに至って、意図的・計画的・組織的な一定の場における伝達の様式、つまり学校が求められるに至るのである。それまでは、伝統的な生産技術や社会的慣習などは、無意図的な教育の過程で習得が可能であり、それは主に模倣の形態で行われていた。

　一方、生産技術の発展にともなう生産性の向上は、社会集団の階層分化をもたらし、生産労働から解放された一部の特権階級が文字の教育に関与することになる。古代おいて、文字による記録を専門とする書記とその書記を養成する学校の存在を表す粘土板が残されている。

　そして、古代ギリシャでは、アテネのプラトンのアカデメイアの存在がある。また、古代ローマでは、初等学校や文法学校および修辞学校などが設けられた。対象は、政治家・官僚・学者・宗教者などの特権階級の子弟であった。さらに、中世に至っては、キリスト教会に学校が設置され、宗教教育がすすめられた。また、商業都市の発展による市民階級が台頭し、市民の日常生活における文字の読み書き能力の必要性が増し、学校への認識が高まることになる。

日本では、古代律令制国家において、唐の影響を受け貴族子弟を対象とする官僚養成を目的とする大学寮と称する学校が設置された。のちに、空海による綜芸種智院のような一般庶民を対象とする学校も存在した。また、中世においては、武家の子弟を対象とする金沢文庫や足利学校などが存在した。そして、江戸時代には、江戸幕府直轄の最高学府としての昌平坂学問所が設置され、各藩には藩校が設けられた。また地方において、郷学と称される対象を下級武士から一般庶民の子弟にまで広げた学校が創られた。その他、儒学・国学・洋学それぞれの分野での優れた学者が、自ら私塾を開設した。そして、江戸時代の一般庶民を対象とした教育機関に寺子屋がある。教育内容は、「読み・書き・そろばん」であり、「往来物」という教科書のようなものが用いられた。

公教育制度としての学校

中世からルネッサンスをへて近世から近代へと時代がすすむなか、コメニウスの『大教授学』には、人類の平和を目的とした知の啓蒙をめざす、「あらゆる人にあらゆることがらを教授する」学校の構想が示されている。

また、フランスのコンドルセ（1743-1794）は、市民革命の時代において自由と平等を尊重すべく、すべての国民に教育の機会を用意することを国家の義務として、公教育計画を提案した。その内容は、学ぶ自由と教える自由を認める、学校教育は無償である、公教育は知育に限定する、教育は政治・宗教に関しては中立である、学校体系は単線型とする、などである。（単線型とは、教育の機会均等の原則のもと、階層に関係なくすべての子どもを対象とする単一の制度のことである。）

日本の近代公教育制度

日本の公教育制度は、1872年（明治5年）の「学制」にはじまり、1886年（明治19年）初代文部大臣森有禮による「学校令」によって以後体系的に整備されていった。学校体系としては、複線型であり国家主義的な意味合いを持つものであった。（複線型とは、階層毎に異なる別々の複

数の制度のことである。)

2 近代公教育制度の機能

近代公教育制度としての学校

近代公教育制度としての学校は、その本質的な機能において、まず近代国家によって組織運営される。そして、学齢にもとづく学年制の課程教育によって、同年齢集団を基本とする学級を学習集団の単位とする。このようにして、学校は体系的知識や文化を伝達する役割を担うことにより、子どもの諸能力の形成において一定の意義を有することになる。しかし一方において、学校での学びが、一面において抽象的かつ専門分化した側面を強めることもあり、日常生活からの乖離傾向もみられ、学校そのもののありようの再検討が迫られることにもなる。すなわち、学校とは何か、今一度の再構築が課題となる。

学校の課題

学校に期待される役割は広がり、地域の伝統的な共同体が果たしてきた教育のはたらき、家庭の教育、人間形成に必要な価値意識の習得など、多くのことが学校に求められている。しかし、学校でできることにも自ずと限界があり、現状学校は多くの矛盾や齟齬を抱えたままである。一方においては、学校を経済の視座より検討する傾向が強くなり、教育の投資についての議論がはじまる。

今後は、今一度教育の本質に立ち返り、学校をどのようにとらえるのか、教育関係者のみならず、社会全体のなかでの協同・協働としての位置付けを再確認する必要があると考えられる。

3 学校経営・学級経営

　学校経営は、各学校が教育の目的の達成をめざし、教育活動を編成し展開する際、さまざまな条件整備と組織運営にかかわるさまざまな活動を管理する。そして、その教育活動がさらに持続して発展展開するように改善を求めていく創造的な営みが、学校経営と考えられる。

　学校経営には、学校教育の目的達成のための内容や活動にかかわる分野と、人材・物質・財政の条件や環境・組織運営の整備にかかわる分野があり、これらを如何に融合させつつ、学校を経営していくかが課題である。具体的には、教育課程の編成、教職員の人事、校務分掌などの組織編制（職員会議や委員会組織）、学習や生活環境の整備などの運営の問題である。要するに、学校が如何に自律を確保するかは、まさに公教育制度の根幹にかかわる問題である。ここに、いわゆる「開かれた学校づくり」が唱えられ、今一度特に地域社会における学校のありようが問われていることになる。

　一方、学級経営は、学校教育が学級集団を基本とすることにより、学級の教育目標の実現をめざす。そして、その学級のありようを計画的かつ総合的に運営また展開を図ることが、学級経営と考えられる。また、学級はコメニウスの構想にはじまり、一斉教授の授業組織として活用される。さらに、いわゆる「学級王国論」（担任教諭のありよう）や、一学級の適正人数も課題となっている。

4 教員

　教員とは、教育職員の略語である。そして、教育職員は法律用語であり、学校教育法第1条に示される学校の「教諭、助教諭、養護教諭、養護助教諭、栄養教諭及び講師」を意味する。

第5章 教育の制度 65

　公立学校の教員は、地方公務員でもあり、地方公務員法制のもとに公務員としての地位にもとづき服さなければならない義務の総体である服務が課される。そして、その服務に反する場合は、任命権者による懲戒処分が下されることになる。

　一方、教員養成・採用・研修においては、さまざまな改善が試みられている。要するに、社会の急激な変化や知識基盤社会・生涯学習社会の到来は、新たな学びの世界の創造を実現する学校と教育の変革を求めており、それら一連の教育改革を担う教員には、より高度な資質能力と改革に取り組む先進性・創造性が求められている。したがって、教員を高度専門職と位置付け、学び続ける教員像の理念の確立とその実現をめざすことが重要であると考えられる。そのために、大学における教員養成では、質保証に取り組む仕組みの構築が求められることになる。さらに、その大学と教育委員会および学校現場が緊密に連携・協働をすすめていくことが重要な課題となる。

5　カリキュラム・マネジメント

カリキュラム・マネジメントの重要性

　教育課程とは、学校教育の目的や目標を達成するために、教育の内容を子どもの心身の発達に応じ、授業時数との関連において総合的に組織した学校の教育計画であり、その編成主体は各学校である。各学校には、学習指導要領などを受け止めつつ、子どもたちの姿や地域の実情などをふまえて、各学校が設定する教育目標を実現するために、学習指導要領などにもとづきどのような教育課程を編成し、どのようにそれを実施・評価し改善していくのかという「カリキュラム・マネジメント」の確立が求められる。

　特に、今後は教育課程全体をとおした取り組みを通じて、教科横断的な視点から教育活動の改善を行っていくことや、学校全体としての取り組みを通じて、教科などや学年を越えた組織運営の改善を行っていくことが求

められており、各学校が編成する教育課程を核に、どのように教育活動や組織運営などの学校の全体的なありようを改善していくのかが重要な鍵となる。こうした「カリキュラム・マネジメント」については、これまで教育課程のありようを不断にみなおすという下記②の側面から重視されてきているところであるが、「社会に開かれた教育課程」の実現を通じて子どもたちに必要な資質・能力を育成するという新しい学習指導要領等の理念をふまえ、これからの「カリキュラム・マネジメント」については、以下の３つの側面からとらえられる。

①各教科などの教育内容を相互の関係でとらえ、学校の教育目標をふまえた教科横断的な視点で、その目標の達成に必要な教育の内容を組織的に配列していくこと。

②教育内容の質の向上に向けて、子どもたちの姿や地域の現状などに関する調査や各種データなどにもとづき、教育課程を編成し実施し評価して改善を図る一連のＰＤＣＡサイクルを確立すること。

③教育内容と、教育活動に必要な人的・物的資源などを、地域などの外部の資源も含めて活用しながら効果的に組み合わせること。

教育課程全体をとおしての取り組み

これからの時代に求められる資質・能力を育むためには、各教科などの学習とともに、教科横断的な視点で学習を成り立たせていくことが課題となる。そのため、各教科などにおける学習の充実はもとより、教科間のつながりをとらえた学習をすすめる観点から、教科間の内容事項について相互の関連付けや横断を図る手立てや体制を整える必要がある。

このため、「カリキュラム・マネジメント」を通じて、各教科などの教育内容を相互の関係でとらえ、必要な教育内容を組織的に配列し、さらに必要な資源を投入する営みが重要となる。個々の教育活動を教育課程に位置付け、教育活動相互の関係をとらえ、教育課程全体と各教科などの内容を往還させる営みが、「カリキュラム・マネジメント」を支えることになる。

学校全体としての取り組み

　「カリキュラム・マネジメント」については、校長または園長を中心としつつ、教科などの縦割りや学年を越えて、学校全体で取り組んでいくことができるよう、学校の組織および運営についても見直しを図る必要がある。そのためには、管理職のみならずすべての教職員がその必要性を理解し、日々の授業などについても、教育課程全体のなかでの位置付けを意識しながら取り組む必要がある。また、学習指導要領などを豊かに読み取りながら、各学校の子どもたちの姿や地域の実情などと指導内容を照らし合わせ、効果的な年間指導計画などのありようや、授業時間や週時程のあり方などについて、校内研修などを通じて研究を重ねていくことも考えられる。

　こうした「カリキュラム・マネジメント」については、管理職のみならず、すべての教職員が責任を持ち、そのために必要な力を、教員一人一人が身に付けられるようにしていくことが必要である。また、「社会に開かれた教育課程」の観点からは、学校内だけではなく、保護者や地域の人々等を巻き込んだ「カリキュラム・マネジメント」を確立していくことも重要である。

参考文献
本図愛実・末冨芳『新・教育の制度と経営』学事出版、2015 年。
牧柾名『公教育制度の史的形成』梓出版社、1990 年。
文部科学省『生徒指導提要』2011 年（平成 23 年）。
青木秀雄『現代教育制度と経営』明星大学出版部、2017 年。

第6章　教育の法律

1　教育の法律

　日本は、立法府である国会で法律が制定され、そしてその法律にもとづいて行政がすすめられる。日本の教育も、その本質的なありようは法律によって定められている。

　日本の法規体系は、日本国憲法を最上位の法律として位置付けている。そして、国家行政機関が定めるものとして、内閣による政令、各省庁が所轄事務に関して制定する命令である省令、行政機関である各省庁が決定する事項を公に知らせる告知、各省庁が所轄機関および職員に対しある事項を知らせる通達、上級機関が下級機関およびその職員に権限の行使を指示する命令である訓令、などがある。また、地方公共団体が定めるものとして、地方議会の議決による条例、地方公共団体の首長が制定する規則、などがある。

日本国憲法（抜粋）

1946年（昭和21年）11月3日公布、1947年（昭和22年）5月3日施行。
　第26条（教育）

　　すべて国民は、法律の定めるところにより、その能力に応じて、ひとしく教育を受ける権利を有する。

　　すべて国民は、法律の定めるところにより、その保護する子女に普通教育を受けさせる義務を負ふ。義務教育、これを無償とする。

教育基本法（抜粋）

1947年（昭和22年）、2006年（平成18年）改正。

前文

　我々日本国民は、たゆまぬ努力によって築いてきた民主的で文化的な国家を更に発展させるとともに、世界の平和と人類の福祉の向上に貢献することを願うものである。

　我々は、この理想を実現するため、個人の尊厳を重んじ、真理と正義を希求し、公共の精神を尊び、豊かな人間性と創造性を備えた人間の育成を期するとともに、伝統を継承し、新しい文化の創造をめざす教育を推進する。

　ここに、我々は、日本国憲法の精神にのっとり、我が国の未来を切り拓く教育の基本を確立し、その振興を図るため、この法律を制定する。

第1章　教育の目的及び理念

（教育の目的）

第1条　教育は、人格の完成をめざし、平和で民主的な国家及び社会の形成者として必要な資質を備えた心身ともに健康な国民の育成を期して行わなければならない。

（教育の目標）

第2条　教育は、その目的を実現するため、学問の自由を尊重しつつ、次に掲げる目標を達成するよう行われるものとする。

　1　幅広い知識と教養を身に付け、真理を求める態度を養い、豊かな情操と道徳心を培うとともに、健やかな身体を養うこと。

　2　個人の価値を尊重して、その能力を伸ばし、創造性を培い、自主及び自立の精神を養うとともに、職業及び生活との関連を重視し、勤労を重んじる態度を養うこと。

　3　正義と責任、男女の平等、自他の敬愛と協力を重んずるとともに、公共の精神に基づき、主体的に社会の形成に参画し、その発展に寄与する態度を養うこと。

4 　生命を尊び、自然を大切にし、環境の保全に寄与する態度を養うこと。

5 　伝統と文化を尊重し、それらをはぐくんできた我が国と郷土を愛するとともに、他国を尊重し、国際社会の平和と発展に寄与する態度を養うこと。

学校教育法（抜粋）

1947 年（昭和 22 年）。

第 1 条（学校の定義）

　この法律で、学校とは、小学校、中学校、義務教育学校、高等学校、中等教育学校、大学、高等専門学校、特別支援学校、及び幼稚園とする。

第 2 条（学校の設置者）

　学校は、国、地方公共団体及び私立学校法第 3 条に規定する学校法人のみが、これを設置することができる。

　この法律で、国立学校とは、国の設置する学校を、公立学校とは、地方公共団体の設置する学校を、私立学校とは、学校法人の設置する学校をいう。

第 11 条（体罰の禁止）

　校長及び教員は、教育上必要があると認めるときは、文部科学大臣の定めるところにより、児童、生徒及び学生に懲戒を加えることができる。ただし、体罰を加えることはできない。

学校教育法施行令（抜粋）

1953 年（昭和 28 年）。

第 1 章　就学義務

　第 1 節　学齢簿

　　第 1 条（学齢簿の編製）

　　　市町村の教育委員会は、当該市町村の区域内に住所を有する学齢児童及び学齢生徒について、学齢簿を編製しなければならない。

学校教育法施行規則（抜粋）

1947年（昭和22年）。

第1章　総則

第1節　設置廃止等

第1条（学校の施設設備と位置）

学校には、その学校の目的を実現するために必要な校地、校舎、校具、運動場、図書館又は図書室その他の設備を設けなければならない。

② 学校の位置は、教育上適切な環境に、これを定めなければならない。

第2節　校長、副校長及び教頭の資格

第20条（校長の資格）

校長の資格は、次の各号のいずれかに該当するものとする。

1 教育職員免許法による教諭の専修免許状又は一種免許状（高等学校及び中等教育学校の校長にあっては、専修免許状）を有し、かつ、次に掲げる職に5年以上あったこと。〈以下省略〉

2 教育に関する職に10年以上あったこと。

第3節　管理

第24条（指導要録）

校長は、その学校に在学する児童等の指導要録（学校教育法施行令第31条に規定する児童等の学習及び健康の状況を記録した書類の原本をいう。）を作成しなければならない。

第26条（懲戒）

校長及び教員が児童等に懲戒を加えるに当たっては、児童等の心身の発達に応ずる等教育上必要な配慮をしなければならない。

2 教育の行政

文部科学省

1871年(明治4年)太政官制において、文部省が設置される。1885年(明治18年)議員内閣制において、引き続き文部省として学校教育に関する事項を所轄担当した。

2001年(平成13年)中央官庁再編により、文部省と科学技術庁が統合され、文部科学省が発足する。文部科学省の役割は、文部科学省設置法(第3条)に次のように記されている。「第3条(任務) 文部科学省は、教育の振興及び生涯学習の推進を中核とした豊かな人間性を備えた創造的な人材の育成、学術、スポーツ及び文化の振興並びに科学技術の総合的な振興を図るとともに、宗教に関する行政事務を適切に行うことを任務とする。」また、続く第4条には、具体的な事務が93項目列挙されている。「1 豊かな人間性を備えた創造的な人材の育成のための教育改革に関すること。〈以下省略〉」

教育委員会

教育委員会は、1945年(昭和20)以後の教育改革のもとで新たに設置された地方教育行政機関である。当初は、教育行政の民主化、教育における地方自治、一般行政からの独立など、新たな民主的な教育のありようをめざすものであった。特に、教育委員を住民の選挙によって教育の専門家ではない委員を選出し、専門家である教育長が補佐する仕組みである直接公選制が採用された。しかし、その後自治体首長による任命制が採用されることになる。

そして、さまざまな議論を経て、2015年(平成27年)4月より、「地方教育行政の組織及び運営に関する法律の一部を改正する法律」によって、教育委員会制度が改正された。これは、教育の政治的中立性、継続性、安定性を確保しつつ、地方教育行政における責任の明確化、迅速な危機管理

体制の構築、首長との連携強化を図るとともに、地方に対する国の関与の見直しを図るものである。具体的には、改正の要点として、4つの事項があげられる。第1に、教育委員長と教育長を一本化した新「教育長」の設置である。第2に、教育長へのチェックと機能の強化と会議の明確化である。第3に、すべての地方公共団体に「統合教育会議」を設置する。第4に、教育に関する「大綱」を首長が策定する。

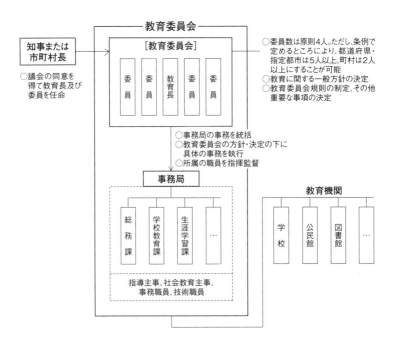

第5図　教育委員会の組織のイメージ

　要するに、新たな教育委員会制度としては、地域の学校教育・社会教育・文化・スポーツ等に関する事務を担当する機関として、すべての都道府県および市町村に設置され、いわゆる首長から独立した行政委員会として位置付けされる。そして、教育委員会は、教育行政における重要事項や基本

方針を決定し、それにもとづいて教育長が具体の事務を執行する。また、月1～2回の定例会議のほか、臨時会議や非公式の協議会を開催する。教育長および教育委員は、地方公共団体の長が議会の同意を得て任命され、任期は教育長3年、教育委員は4年、再任は可能となる。

参考文献
市川須美子他『教育小六法』学陽書房、2017年。
勝野正章・藤本典裕『教育行政学』学文社、2015年。
窪田眞二・小川友二『教育法規便覧』学陽書房、2017年。

第7章 道徳教育・特別活動・生徒指導・生涯学習・特別支援教育

1 道徳教育

　道徳教育とは、児童生徒が人間としてのあり方を自覚し、人生をよりよく生きるために、その基盤となる道徳性を育成するものと考えられている。

　近代日本の道徳教育の歴史は、明治初期の修身科にはじまり、第2次世界大戦後の一時期の空白期間（この間は社会科のなかで一部取り扱われる）を経て、1958年（昭和33年）特設道徳の時間として、学習指導要領に位置付けられた。具体的には、小学校・中学校において全学年に週1時間が道徳の時間として設定され、その時間は学校教育全体にわたる道徳教育を補充・深化・統合するものとして重視された。

　一方、学校現場における道徳教育の実態としては、さまざまな問題が明らかとなり、また現実の指導においても、抽象的なありようから具体的なありようまで、いろいろな指導法が課題とされた。たとえば、読み物の登場人物の心理理解に終始する指導法、発達段階などをあまりふまえることなく、児童生徒にとって望ましいと思われることのみを言わせたり書かせたりする指導法、などである。

　また、道徳性とは何かについても、その解釈や具体的な展開については、さまざまな内容がみられることになる。学習指導要領解説には、道徳性とは次のように示されている。①道徳性とは、人間としての本来的なあり方やよりよい生き方をめざしてなされる道徳的行為を可能にする人格特性であり、人格の基盤をなすものである。②道徳性とは、人間らしいよさであり、道徳的諸価値が一人一人の内面において統合されたものである。

③道徳性とは、人間が人間としてともにによりよく生きていく上で、最も大切にしなければならないものである。結局は、これらの解釈においてもやや抽象的な面が残り、これを実際において指導する教師の理解においても課題が残るところである。

　そこで、2015年（平成27年）道徳教育の抜本的改善・充実を図るべく、学習指導要領を一部改正し、現状の「道徳の時間」を「特別の教科道徳」（道徳科）として新たに位置付けることとした。具体的には、次のことがあげられる。①道徳科に検定教科書を導入する。②内容について、いじめの問題への対応の充実や発達の段階をより一層ふまえた体系的なものに改善する。③「個性の伸長」「相互理解、寛容」「公正、公平、社会正義」「国際理解、国際親善」「よりよく生きる喜び」の内容項目を小学校に追加する。④問題解決的な学習や体験的な学習などを取り入れ、指導方法を工夫する。⑤数値評価ではなく、児童生徒の道徳性にかかわる成長の様子を把握する。⑥私立小・中学校ではこれまでどおり、「道徳科」に代えて「宗教」を行うことができる。要するに、この新たな「道徳科」は、考え議論する道徳へと転換することにより、児童生徒の道徳性の育成を育むことをめざすものである。

2　特別活動

　特別活動は、たとえば小学校では各教科・特別の教科道徳・総合的な学習の時間・外国語活動と同様の教育課程の一領域である。具体的には、小学校の特別活動は学級活動・児童会活動・クラブ活動・学校行事の4つであり、中学校・高等学校の特別活動は、学級活動（高等学校：ホームルーム活動）・生徒会活動・学校行事の3つである。時間数については、学級活動は年間35単位時間（小学1年のみ34単位時間、1単位時間：45分・50分）、であり、クラブ活動・学校行事は適宜時数が充てられる。

　特別活動の目標は、望ましい集団活動をとおして、心身の調和のとれた

発達と個性の伸長を図り、集団や社会の一員としてよりよい生活や人間関係を構築すべく、自主的・実践的な態度を育てることである。さらには、人間としての生き方についての自覚を深め、自己を生かす能力を養うこともめざすものである。そして、この望ましい集団活動とは、学級の活動のように学級を単位とする集団と、児童会・生徒会活動や学校行事のように学級や学年の枠を超えた集団とに分けられる。さらに、その他さまざまな集団にも属することにより、協同しつつ活動をすすめることの重要性を学びとり、よりよい人間関係を築くために必要な能力や態度を育成することが、まさに特別活動である。それ故、特別活動は、体験や実践を重視する。

3 生徒指導

　生徒指導は、学校教育の全体にかかわる事項であり、また学級経営においても重要な位置を占める。教師と生徒との関係性が希薄になりつつあると危惧されるなか、生徒が教師から受けている影響は計り知れないとも言われる。その教師と生徒との信頼関係の形成には、さまざまな課題がある。

　生徒指導は、個々の生徒の人格を認め個性を尊重し、また社会に適応する力を育成することをめざす。そして、生徒の現在の生活状況を把握したうえで、具体的なかかわりをすすめていくことが望ましい。指導の形態としては、個別指導と集団指導がある。個別指導は、生徒の適応の問題や非社会的・反社会的な行動の予防や回復を目的とする教育相談と合わせて中心的な役割を果たす。集団指導は、生徒の集団としての活動をとおして、生徒それぞれの発達を援助する。また、学級づくりとして、学級集団における集団の特質を考慮し、目標の設定、生徒同士の相互作用、学級としてのまとまりと教師のリーダーシップのありよう、生徒間の連帯感や役割意識、集団内における規範意識の醸成などが課題となる。

　また、生徒指導の内容として、人権問題が重要視されている。また、発達障害やいじめ・非行などの問題に対しては、担任教師が単独で解決を試

みるのではなく、学年主任・生徒指導主事・養護教諭・校長・教頭・スクールカウンセラー・特別支援教育コーディネーターなどとともに対策を検討する必要がある。そして、早期発見を第1として、関係機関との連携に務めることが求められている。

　一方、都市化や少子化および情報化などが進展するなかで、社会全体でさまざまな課題が生じており、さらに児童生徒の問題行動などの背景には、規範意識や倫理観の低下が関係しているとも指摘されている。このような状況において、学習指導要領に定められているように、生徒指導は、一人一人の児童生徒の人格を尊重し、個性の伸長を図りながら、社会的資質や行動力を高めるように指導および援助するものであり、時代の変化にも対応しながら、学校段階に応じた生徒指導をすすめていくことが求められている。生徒指導は、学校がその教育目標を達成するための重要な機能の一つであり、児童生徒の人格の形成を図るうえで、大きな役割を担っている。しかしながら、学校における生徒指導が、問題行動などへの対応にとどまる場合もあり、学校教育として、より組織的かつ体系的な取り組みを行っていくことが必要であることが指摘されている。また、これまで小学校段階から高等学校段階までの生徒指導の理論および考え方や実際の指導方法などについて、時代の変化に即して網羅的にまとめた基本書などが存在せず、生徒指導の組織的かつ体系的な取り組みが十分にすすんでいないことも指摘されていた。さらには、児童生徒の抱える問題の背景には、さまざまな問題が関係しており、警察や児童相談所などの関係機関との連携や協力のネットワークを強化したり、地域や青少年健全育成団体および家庭の協力が求められている。

　そこで、このような情勢をふまえて文部科学省として、「生徒指導提要の作成に関する協力者会議」を設置し、小学校段階から高等学校段階までの生徒指導の理論および考え方や実際の指導方法等について、時代の変化に即して網羅的にまとめ、生徒指導の実践に際し教員間や学校間で教職員の共通理解を図り、組織的かつ体系的な生徒指導の取り組みをすすめることができるよう、生徒指導に関する学校および教職員向けの基本書として

「生徒指導提要」2010 年（平成 22 年）が作成された。

4 生涯学習

1965 年（昭和 40 年）ユネスコ（国際連合教育科学文化機関）のポール・ラングラン（1910 - 2003）が、社会変革の加速、人口増加、科学技術の進歩などの事項に対応すべく、恒久教育（lifelong education）すなわち生涯にわたる教育の必要性を提唱した。

日本では、1984 年（昭和 59 年）内閣総理大臣の諮問機関として設置された臨時教育審議会において、「生涯学習社会への移行」が答申された。当初、生涯教育という表現が用いられていたが、生涯学習の表現に整理され、家庭教育・学校教育・社会教育を統合するものととらえられている。

要するに、生涯学習とは、家庭教育、学校教育、社会教育、個人の自学自習など、生涯をとおして取り組む学習を意味する。そして、このことは教育基本法（第 3 条）において次のように示されている。「国民一人一人が、自己の人格を磨き、豊かな人生を送ることができるよう、その生涯にわたって、あらゆる機会に、あらゆる場所において学習することができ、その成果を適切に生かすことのできる社会の実現が図られなければならない。」

また、文部科学省は、誰もがいつでもどこでも学習することができ、その学習成果を生かすことができる生涯学習社会の実現をめざし、生涯学習振興施策をすすめている。①学校支援地域本部や放課後子ども教室など地域ぐるみの子どもたちの教育支援活動の取り組みの支援や、地域の学習拠点である公民館や図書館の充実などの振興。②家庭教育支援チームの組織化など家庭教育を支援するための取り組みや、青少年の健全育成のための取り組みの推進。③大学における公開講座の実施や、放送大学の充実・整備、専修学校の振興など、多様な学習機会の提供。④高等学校卒業程度認定試験の実施や、民間教育事業の質の向上など、学習した成果の適切な評

価とその活用の促進。⑤高齢社会への対応や人権教育の推進、男女共同参画社会の形成に向けた学習活動の振興、現代的な課題への対応。

5　特別支援教育

　特別支援教育とは、障害のある幼児児童生徒の自立や社会参加に向けた主体的な取り組みを支援するという視点に立ち、幼児児童生徒一人一人の教育的ニーズを把握し、その持てる力を高め生活や学習上の困難を改善または克服するため、適切な指導および必要な支援を行うものである。また、特別支援教育は、これまでの特殊教育の対象の障害だけでなく、知的な遅れのない発達障害も含めて、特別な支援を必要とする幼児児童生徒が在籍するすべての学校において実施されるものである。さらに、特別支援教育は、障害のある幼児児童生徒への教育にとどまらず、障害の有無やその他の個々の違いを認識しつつ、さまざまな人々が生き生きと活躍できる共生社会の形成の基礎となるものであり、日本の現在および将来の社会にとって重要な意味をもつものと考えられている。

　2007 年（平成 19 年）より、特別支援教育が学校教育法に位置付けられ、すべての学校において障害のある幼児児童生徒の支援をさらに充実していくことになる。すなわち、特別支援教育には、障害のある子どもたちが自立し社会参加するために必要な力を培うため、子どもの可能性を最大限に伸ばすことが求められるのである。具体的には、幼稚園・小学校・中学校・高等学校・義務教育学校・中等教育学校のすべての学校で支援がすすめられ、通常の学級に在籍している障害のある子どもにも、障害に配慮し指導内容や方法を工夫した学習活動が行われることになる。

　そして、小学校・中学校・義務教育学校には、特別支援学級や通級による指導の制度がある。特別支援学級では、障害の種別ごとの少人数学級で、障害のある子ども一人一人に応じた教育が行われる。対象は、知的障害・肢体不自由・病弱身体虚弱・弱視・難聴・言語障害・情緒障害である。

また、通級による指導では、通常の学級に在籍し一部の授業（週1〜8単位時間）で障害の状態に応じた特別な指導が特別な指導の場で行われる。対象は、言語障害・自閉症・情緒障害・弱視・難聴・LD・ADHD・肢体不自由・病弱身体虚弱である。さらに、これらを確実にすすめるために、特別支援教育コーディネーターと呼ばれる教員が、福祉機関など関係機関との連絡調整を行い、保護者からの相談にも応じる。また、校長・教頭・特別支援教育コーディネーター・通級指導教室担当教員、特別支援学級教員、養護教諭、対象となる子どもの学級担任などで構成される校内委員会が設置され、具体的な支援方法の検討など、学校全体で障害のある子どもの支援体制が構築されている。

　一方、特別支援学校では、障害の程度が比較的重い子どもを対象とし、専門性の高い教育が行われる。そして、幼稚園から高等学校に相当する年齢段階の教育が、該当別支援学校のそれぞれ幼稚部・小学部・中学部・高等部にて行われる。具体的には、小学校・中学校・義務教育学校に準ずる教育を行うとともに、障害による学習上または生活上の困難を改善克服するための特別の指導領域「自立支援」が実施されている。また、障害の状態に応じて弾力的な教育課程の編成が可能となっている。また、子ども一人一人の障害に配慮した施設環境のなかで、専門性の高い教員によって少人数の学級で指導が行われる。具体的には、個別の教育支援計画や指導計画が作成されることになる。

参考文献

生涯学習・社会教育行政研究会『生涯学習・社会教育行政必携』第一法規、2016年。

廣田佳彦『道徳教育の本質』関西学院大学出版会、2017年。

文部科学省『生徒指導提要』2011年（平成23年）。

文部科学省『小学校学習指導要領解説道徳編』2015年（平成27年）。

文部科学省『特別支援学校幼稚部教育要領／小学部・中学部学習指導要領／高等部学習指導要領』2015年（平成27年）。

第8章 教育課程の体系化へ向けて

1 新しい時代と社会に開かれた教育課程

　現状、ますますすすむグローバル化は、日本の社会に多様性をもたらし、また急速な情報化や技術革新は人間生活を質的にも変化させつつある。こうした社会的変化の影響が、身近な生活も含め社会のあらゆる領域におよんでいるなかで、教育のありようも新たな事態に直面していることは明らかである。そこで、学校を変化する社会のなかに位置付け、教育課程全体を体系化することによって、学校段階間や教科間などの相互連携を促し、さらに初等中等教育の総体的な姿を描くことを企図している。

　そして、具体的には、将来の変化を予測することが困難な時代を前に、子どもたちには現在と未来に向けて、自らの人生をどのように拓いていくことが求められているのか。また、自らの生涯を生き抜く力を培っていくことが問われるなか、新しい時代を生きる子どもたちにとって学校教育は何を準備しなければならないのかについて考える。

新たな学校文化の形成

　日本の近代学校制度は、1872年（明治5年）に公布された学制にはじまり、およそ70年を経て1947年（昭和22年）には現代学校制度の根幹を定める教育基本法および学校教育法が制定された。そして、現在それからさらに70年が過ぎようとしている。このおよそ140年間、日本の教育は大きな成果を上げ、いろいろな意味において日本社会の発展に大きく貢献してきたことも事実である。しかしながら、一方において、教育にかか

わる問題は実に複雑な様相を呈していると言わざるを得ないのも実情であろう。したがって、今一度これまでの成果と貢献をふまえ評価しつつ、新しい時代にふさわしい学校のありようを求め、新たな学校文化について考察を深めていく必要があると考えられるのである。

　また、予測できない未来に対応するためには社会の変化に受け身で対処するのではなく、主体的に向き合ってかかわりあいその過程をとおして、一人一人が自らの可能性を最大限に発揮しよりよい社会と幸福な人生を自ら創り出していくことが重要である。そのためには、教育によって解き方があらかじめ定まった問題を効率的に解ける力を育むだけでは不十分である。これからの子どもたちには、社会の加速度的な変化のなかでも、社会的かつ職業的に自立した人間として伝統や文化に立脚し、高い志と意欲をもって蓄積された知識を基礎にしながら、膨大な情報から何が重要かを主体的に判断し自ら問いを立ててその解決をめざし、他者と協働しながら新たな価値を生み出していくことが求められる。学校の現場においては、子どもたち一人一人の可能性を伸ばし、新しい時代に求められる資質や能力を確実に育成していくことや、そのために求められる学校のありようを不断に探究する文化を形成していくことが、より一層重要になるのである。

学校の意義

　子どもたちに必要な資質や能力を育成していくため、今後の学校教育にはどのような役割が期待されるのか。それを考えるためには、社会の変化を視野に入れつつ、教育の姿を総体的に描きながら学校の意義について今一度とらえなおしていく必要がある。すなわち、学校とは社会への準備段階であると同時に、学校そのものが子どもたちをはじめ、教職員、保護者、地域の人々などから構成される一つの社会でもあることは言うまでもない。そして、子どもたちは学校も含めた社会のなかで、生まれ育った環境や障害の有無にかかわらず、さまざまな人とかかわりながら学びさらにその学びをとおして、自らの存在が認められることや自らの活動によって何かを変えたり、社会をよりよくしたりできることなどの実感をもつこと

ができるのである。

　したがって、そうした実感は、子どもたちにとって人間一人一人の活動が身近な地域や社会生活に影響を与えるとの認識につながり、これを積み重ねることにより、地球規模の問題にもかかわり、持続可能な社会づくりを担っていこうとする意欲を持つようになることが期待される。学校は、このようにして社会的意識や積極性を持った子どもたちを育成する場として位置付けられる。さらに言えば、子どもたちが身近な地域を含めた社会とのつながりのなかで学び、自らの人生や社会をよりよく変えていくことができるとの実感を持つことは、貧困などの目の前にある生活上の困難を乗り越え、貧困が貧困を生むような負の連鎖を断ち切り、未来に向けてすすむ希望と力を与えることにつながるものであると考えられる。

　このように考えると、子どもたちに新しい時代を切り拓いていくために必要な資質や能力を育むためには、学校が社会や世界と接点を持ちつつ、多様な人々とつながりを保ちながら学ぶことのできる、開かれた環境となることが不可欠である。そして、社会とのつながりのなかで学校教育を展開していくことは、日本が社会的な課題を乗り越え未来を切り拓いていくための大きな原動力ともなる。未曾有の大災害となった東日本大震災における困難を克服するなかでも、子どもたちが現実の課題と向き合いながら学び、国内外の多様な人々と協力し被災地や日本の未来を考えていく姿が復興に向けての大きな希望となっている。人口減少下でのさまざまな地域課題の解決に向けても、社会に開かれた学校での学びが、子どもたち自身の生き方や地域貢献につながっていくとともに、地域が総がかりで子どもの成長を応援し、そこで生まれる絆を地域活性化の基盤としていくなど好循環をもたらすことになる。ユネスコが提唱する持続可能な開発のための教育も、身近な課題について自分ができることを考え行動していく学びが、地球規模の課題の解決のてがかりとなるとの理念にもとづくものであると考えられている。

　このように、学校は今を生きる子どもにとって、現実の社会とのかかわりのなかで毎日の生活を築き上げていく場であるとともに、未来の社会に

向けた準備段階としての場でもある。日々の豊かな生活をとおして、未来の創造をめざす。そのため、今一度学校のありようを探究し、新しい学校生活の姿と求められる教育や授業の姿を描き、また教科などのありようも検討していくことが求められる。すなわち、この俯瞰的かつ総合的な視点が重要なのである。

社会に開かれた教育課程

　以上のことを達成するためには、子どもたちの学校生活の核となる教育課程について、その役割を捉え直していくことが必要であると考えられる。学校が社会や地域とのつながりを意識するなかで、社会のなかの学校であるためには、教育課程もまた社会とのつながりを大切にする必要がある。学校がその教育基盤を整えるにあたり、教育課程を介して社会や世界との接点をもつことが、これからの時代においてより一層重要となる。

　したがって、これからの教育課程には、社会の変化に目を向け、教育が普遍的にめざす根幹を堅持しつつ、社会の変化を柔軟に受け止めていく社会に開かれた教育課程としての役割が期待される。そして、このような社会に開かれた教育課程としては、次の事項が重要になる。

①社会や世界の状況を幅広く視野に入れ、よりよい学校教育をとおしてよりよい社会を創るとの目標を持ち、教育課程を介してその目標を社会と共有していくこと。

②これからの社会を創り出していく子どもたちが、社会や世界に向き合いかかわり合い、自らの人生を切り拓いていくために求められる資質や能力とは何かを、教育課程において明確化し育んでいくこと。

③教育課程の実施にあたって、地域の人的かつ物的資源を活用したり放課後や土曜日などを活用した社会教育との連携を図り、学校教育を学校内に閉じることなく、そのめざすところを社会と共有かつ連携しながら実現させること。

　このためには、教育課程の基準となる学習指導要領および幼稚園教育要領も、各学校が社会に開かれた教育課程を実現していくことに資するもの

でなければならない。さらには、こうした教育課程の理念を具体化するためには、学習および指導方法や評価のあり方と一貫性を持って議論し改善していくことが必要である。

2　学習指導要領の成果と課題

学習指導要領の成果

　学習指導要領については、これまでも時代の変化や子どもたちの実態や社会の要請などをふまえ、数次にわたり改訂されてきた。たとえば、日本が工業化するなかで共通の社会の目標に向けて、教育を含めたさまざまな社会システムを構想し構築していくことが求められるなかで示されたのが、1958年（昭和33年）の学習指導要領である。次に、いわゆる高度経済成長が終焉を迎えるなかで個性重視のもと新しい学力観を打ち出した、1989年（平成元年）の学習指導要領である。このように時代や社会の変化とともに、学習指導要領も改訂を重ねてきた。改訂にあたっては、時代の変化や社会の要請などの読み取りをとおして、将来への展望が問われてきたのである。そしてそこでは、学習指導要領の成果と課題の検証をとおして、次の学習指導要領を構築するという作業が重ねられてきており、そうした積み重ねのうえに、学習指導要領は築かれてきた。

　その後、2008年（平成20年）に行われた改訂では、教育基本法の改正により明確になった教育の目的や目標をふまえ、子どもたちの「生きる力」の育成をより一層重視する観点から見直しが行われた。特に学力については、学校教育法第30条第2項に示された「基礎的な知識及び技能」、「これらを活用して課題を解決するために必要な思考力、判断力、表現力その他の能力」および「主体的に学習に取り組む態度」のいわゆる学力の3要素から構成される「確かな学力」をバランス良く育むことをめざし、教育目標や内容が見直されるとともに、習得・活用・探究などの学習過程のなかで学級やグループで話し合い発表し合うなどの言語活動や、他者、社

会、自然・環境と直接的にかかわる体験活動などを重視することとされたところである。

さらにこのことをふまえて、各学校では真摯な取り組みが重ねられ、その成果の一端は年々改善傾向にある国内外の学力調査の結果にも表れていると考えられている。また、幼児教育についても教育基本法の改正によりその基本的な考え方が明確にされ、義務教育およびその後の教育の基礎を培うものとして子どもの主体性を大事にしつつ、一人一人に向き合い総合的な指導をとおして、学校教育の一翼を担うものと考えられる。

学習指導要領の課題

以上のように、真摯な取り組みが着実に成果を上げつつある一方で、日本の子どもたちについては、判断の根拠や理由を示しながら自分の考えを述べたり、実験結果を分析して解釈や考察し説明したりすることなど、についての課題が指摘されている。また、自己肯定感や主体的に学習に取り組む態度、社会参画の意識などが国際的に見て相対的に低いことなど、子どもが自らの力を育み自ら能力を引き出し主体的に判断し行動するまでには、必ずしも十分に達しているとは言えない状況にあるととらえられている。すなわち、それは社会において自立的に生きるために必要な力として掲げられた「生きる力」を育むという理念について、各学校の教育課程への、さらには各教科などの授業への浸透や具体化が必ずしも十分でなかったところに原因の一つがあると考えられている。

また、先の改訂時の答申に示されたように、21世紀は新しい知識・情報・技術が、社会のあらゆる領域での活動の基盤として飛躍的に重要性を増すいわゆる「知識基盤社会」の時代である。こうした社会像についての認識を継承しつつ、さらにこれからはグローバル化や情報化をはじめとした社会の加速度的な変化にどのように向き合いかかわっていくのかが問われなければならない。将来の予測が困難な複雑で変化の激しい社会のなかで求められる力の育成を、各学校の教育課程や各教科などの授業まで浸透させ具体化していくことが、これまで以上に求められることになる。

第 8 章　教育課程の体系化へ向けて　91

　そこで、「社会に開かれた教育課程」の視点に立ち、社会の変化に向き合い適切に対応していくため、学校教育をとおして育むべき資質や能力を教育課程全体の構造のなかでより明確に示し、それらを子どもたちが確実に身に付けることができるよう教育課程の全体像を念頭に置きながら、日々の教育活動を展開していくことが求められる。そのためにはまず、各教科などのありようを考える際に、教育課程の要素全体が相互に有機的に関係し合って機能しているかどうかが問われなければならない。改訂を重ねるごとに各教科などの独自性が増していく状況に対して、果たして教育課程が学校全体の教育活動のバランスや調和との観点から、その総体的な意義や存在感をどこまで示しているか、さらに学校教育目標の達成にどのような役割を果たしているかを検討する必要がある。

　先の改訂においては、各教科などを貫く改善の視点として言語活動の充実を掲げ、教科などの枠を越えた具体的な展開を求めたことによって、一定の成果は得られていると考えられる。そこでさらに、教育課程の全体像を念頭に置いた教育活動の展開との観点から一層の浸透や具体化を図る必要があり、それには学習指導要領などそれをもとに編成される教育課程のありようについて、常にさらなる見直しが必要と考えられる。すなわち、これまでの学習指導要領は、知識や技能の内容に沿って教科などごとに体系化されているが、今後はさらに教育課程全体で子どもにどのような力を育むのかとの観点から、教科などを越えた視点を持ちつつ、それぞれの教科などを学ぶことによってどのような力が身に付き、それが教育課程全体のなかでどのような意義を持つのかを整理し、教育課程の全体構造を明らかにしていくことが重要となる。

　したがって、めざす方向は、教科などを学ぶ本質的な意義を大切にしつつ、教科間の相互の関連を図ることによって、それぞれ単独では生み出し得ない教育効果を得ようとする教育課程である。そのために、教科などの意義を再確認しつつ、互いの関連が図られた全体としてバランスのとれた教育課程の編成が課題とされる。そして、こうした方向性にもとづき、各学校がめざす教育目標を教育課程として具体化し、これまでの学力向上に

向けた真摯な取り組みの成果をさらに伸ばしつつ、学校生活において子ども
もが身に付ける資質や能力全体に目を向け、教育実践の工夫や改善を図っ
ていくことができるよう、そのためのてがかりとなり得る学習指導要領が
求められていると考えられる。

3　新たな学習指導要領のありよう

新たな学習指導要領とは

　学習指導要領は、学校教育法にもとづき国が定める教育課程の基準であ
り、教育の目標や指導すべき内容などを体系的に示している。各学校は、
学習指導要領にもとづき、その記述の意味や解釈などの詳細について説明
した教科別の解説をふまえ、教育課程を編成し年間指導計画などや授業ご
との学習指導案を作成し、実施するものと定められている。

　そして、各学校が今後教育課程をとおして子どもたちにどのような力を
育むのかとの教育目標を明確にし、それを広く社会と共有かつ連携してい
けるようにするためには、教育課程の基準となる学習指導要領が「社会に
開かれた教育課程」を実現するとの理念のもと、学習指導要領にもとづく
指導をとおして子どもたちが何を身に付けるのかを明確に示していく必要
がある。そのためには、指導すべき個別の内容事項の検討に入る前に、ま
ずは学習する子どもの視点に立ち、教育課程全体や各教科などの学びをと
おして何ができるようになるのかとの観点から、育成すべき資質や能力を
整理する必要がある。そのうえで、整理された資質や能力を育成するため
に何を学ぶのかの必要な指導内容などを検討し、次にその内容をどのよう
に学ぶのか、子どもの具体的な学びの姿を考えながら構成していく必要が
ある。

学習プロセスなどの重要性をふまえた検討

　こうした検討の方向性を底支えするのは、学ぶとはどのようなことか、知識とは何か、などの学びや知識に関する科学的な知見の蓄積である。そして、学びをとおした子どもの真の理解や深い理解を促すためには、主題に対する興味を喚起して学習への動機付けを行い、目の前の問題に対してはこれまでに獲得した知識や技能だけでは必ずしも十分ではないとの問題意識を生じさせる。そして、必要となる知識や技能を獲得しさらに試行錯誤しながら問題の解決に向けた学習活動を行い、そのうえで自らの学習活動を振り返って次の学びにつなげるなど、深い学習のプロセスが重要である。また、その過程で対話をとおして他者の考え方を吟味し取り込み、自らの考え方の適用範囲を広げることをとおして、人間性を豊かなものへと育むことが極めて重要であると考えられる。

　一方、学習のプロセスにおいて、人類の知的活動をとおして蓄積され精査されてきた多様な思考のあり方を学びその枠組みにふれることは、問題発見や解決の手法および主体的に考える力を身に付けるために有効であり、その点で教科間の区別を超えて重要である。

　また、身に付けるべき知識に関しても、個別の事実に関する知識と社会のなかで汎用的に使うことのできる概念などに関する知識と、これらに構造化されることの視点が重要である。個々の事実に関する知識を習得することだけが学習の最終的な目的ではなく、新たに獲得した知識が既存の知識と関連付けられたり組み合わされたりしていく過程で、さまざまな場面で活用される基本的な概念などとして体系化されながら身に付いていくことが重要である。技能についても同様に、獲得した個別の技能が関連付けられさまざまな場面で活用される複雑な方法として身に付き熟達していくことが重要であり、こうした視点に立てば、長期的な視野で学習を組み立てていくことが求められることになる。

　一方、こうした学びや知識などに関する知見は、芸術やスポーツなどの分野における学びについても相当するものであり、これらの分野における

学習のプロセスやそれをとおして身に付く力のあり方も含めて、教育課程全体のなかで構造化していくことが必要である。

人生を主体的に切り拓くための学び

　子ども一人一人は、多様な可能性を持った存在であり多様な教育ニーズをもっている。成熟社会において新たな価値を創造していくためには、一人一人が互いの異なる背景を尊重し、それぞれが多様な経験を重ねながらさまざまな得意分野の能力を伸ばしていくことが、これまで以上に強く求められる。また、苦手な分野を克服しながら、社会で生きていくために必要となる力をバランスよく身に付けていくことも重要である。

　一方、子どもに社会や職業で必要となる資質や能力を育むためには、学校と社会との接続を意識し、一人一人の社会的かつ職業的自立に向けて必要な基盤となる能力や態度を育み、キャリア発達を促すキャリア教育の視点も重要である。学校教育に、いわゆる外の風、すなわち変化する社会の動きを取り込み、世の中と結び付いた授業などをとおして、子どもにこれからの人生を前向きに考えさせることが主体的な学びの鍵となる。

育成すべき資質や能力

（1）基本的な考え方

　学習指導要領がどのような資質や能力の育成をめざすのかについては、教育法令が定める教育の目的や目標などをふまえて検討する必要がある。教育基本法に定める教育の目的をふまえれば、育成すべき資質や能力の上位には、常に個人一人一人の「人格の完成」と「平和で民主的な国家および社会の形成者として必要な資質」を備えた心身ともに健やかな国民の育成が求められる。

①現代的な課題

　教育基本法がめざすこうした教育の目的をふまえつつ、社会の質的変化などをふまえた現代的な課題に即して、これからの時代に求められる人間のあり方を描くとすれば、以下のようなことが考えられる。

- 社会的かつ職業的に自立した人間として、郷土や日本が育んできた伝統や文化に立脚した広い視野と深い知識を持ち、理想を実現しようとする高い志や意欲をもって、個性や能力を生かしながら、社会の激しい変化のなかでも何が重要かを主体的に判断できる人間であること。
- 他者に対して自分の考えなどを根拠とともに明確に説明しながら、対話や議論をとおして多様な相手の考えを理解したり自らの考え方を広げたりし、多様な人々と協働していくことができる人間であること。
- 社会のなかで自ら問いを立て、解決方法を探索して計画を実行し、問題を解決に導き新たな価値を創造していくとともに、新たな問題の発見や解決につなげていくことのできる人間であること。

　そして、人間としてのこうしたありようを、教育課程のありように展開させるには、必要とされる資質や能力の要素についてその構造を整理しておく必要がある。このことについては、海外の事例やカリキュラムに関する先行研究などについての分析によれば、育成すべき資質や能力の要素が、知識に関するもの、スキルに関するもの、情意（人間性など）に関するもの、の3つに大きく分類されている。さらに、これらの3要素を、学校教育法第30条第2項が定める学校教育において重視すべき3要素（「知識・技能」「思考力・判断力・表現力等」「主体的に学習に取り組む態度」）に照らし合わせると、これらの考え方が大きく共通するものであることが明らかとなる。

②資質や能力の要素

　これら3要素を議論の出発点としながら、学習する子どもの視点に立ち、育成すべき資質や能力を以下のような3つの柱で整理することが考えられる。すなわち、教育課程には、発達に応じてこれら3つをそれぞれバランスよくふくらませながら、子どもが大きく成長していけるようにする役割が期待されており、各教科などの文脈のなかで身に付けていく力と、教科横断的に身に付けていく力とを相互に関連付けながら育成していく必

要がある。

ⅰ 何を知っているか、何ができるか。（個別の知識・技能）

　各教科などに関する個別の知識や技能などであり、身体的技能や芸術表現のための技能なども含む。基礎的かつ基本的な知識や技能を着実に獲得しながら、既存の知識や技能と関連付けたり組み合わせたりしていくことにより、知識や技能の定着を図るとともに、社会のさまざまな場面で活用できる知識や技能として体系化しながら身に付けていくことが重要である。

ⅱ 知っていること、できることをどう使うか。（思考力・判断力・表現力等）

　問題を発見し、その問題を定義し解決の方向性を決定し、解決方法を探して計画を立て、結果を予測しながら実行しプロセスを振りかえって次の問題発見や解決につなげていくこと（問題発見や解決）や、情報を他者と共有しながら対話や議論をとおして互いの多様な考え方の共通点や相違点を理解し、相手の考えに共感したり多様な考えを統合したりして、協力しながら問題を解決していくこと（協働的問題解決）のために必要な思考力・判断力・表現力などである。特に、問題発見や解決のプロセスのなかで、以下のような思考・判断・表現を行うことができることが重要である。

- 問題発見や解決に必要な情報を収集かつ蓄積するとともに、既存の知識に加え、必要となる新たな知識や技能を獲得し、知識や技能を適切に組み合わせて、それらを活用しながら問題を解決していくために必要となる思考。
- 必要な情報を選択し、解決の方向性や方法を比較かつ選択し、結論を決定していくために必要な判断や意思決定。
- 伝える相手や状況に応じた表現。

ⅲ どのように社会や世界とかかわり、よりよい人生を送るか。（学びに向かう力や人間性など）

　上記のⅰ）およびⅱ）の資質や能力を、どのような方向性で働かせていくかを決定付ける重要な要素であり、以下のような情意や態度などにかかわるものが含まれる。

- 主体的に学習に取り組む態度も含めた学びに向かう力や、自己の感

情や行動を統制する能力、自らの思考のプロセスなどを客観的に捉える力など、いわゆるメタ認知に関するもの。

- 多様性を尊重する態度と互いのよさを生かして協働する力、持続可能な社会づくりに向けた態度、リーダーシップやチームワーク、感性、優しさや思いやりなど、人間性などに関するもの。

(2) 特にこれからの時代に求められる資質や能力

　将来の予測が困難な複雑で変化の激しい社会やグローバル化が進展する社会に、どのように向き合いどのような資質や能力を育成していくことが望ましいのか。また、一人一人が幸福な人生を生きるためには、どのような力を育むことが求められているのか。

①変化のなかに生きる社会的存在として

　複雑で変化の激しい社会のなかでは、固有の組織のこれまでのありようを前提としてどのように生きるかだけではなく、さまざまな情報や出来事を受け止め、主体的に判断しながら自らを社会のなかでどのように位置付けまた社会をどう描くかを考え、他者と一緒に生き課題を解決していくための力が必要となる。主権を有し今後の日本のありように責任を有する国民の一人として、また多様な個性かつ能力を生かして活躍する自立した人間として、こうした力を身に付け、適切な判断や意思決定および公正な世論の形成、政治参加や社会参画、さらに一層多様性が高まる社会における自立と共生に向けた行動をとっていくことが求められる。

　こうした観点から、平和で民主的な国家および社会の形成者として求められる力をはじめ、生産や消費などの経済的主体などとして求められる力や、安全な生活や社会づくりに必要な資質および能力を育んでいくことや、急速に情報化が進展する社会のなかで情報や情報手段を主体的に選択し活用していくために必要な情報活用能力、物事を多角的かつ多面的に吟味し見定めていく力（いわゆるクリティカル・シンキング）、統計的な分析にもとづき判断する力、思考するために必要な知識やスキルなどを、各学校段階をとおして体系的に育んでいくことの重要性は高まっていると考えられる。同様に、職業に従事するために必要な知識や技能および能力や

態度の獲得も求められており、社会的要請をふまえた職業教育の充実も重要であると考えられる。

　また、日本が科学技術や学術研究の先進国として、将来にわたり存在感を発揮するとともに成果を広く共有していくためには、子どもが卓越した研究や技術革新および技術経営などを担うキャリアに関心を持つことができるよう、理数科目などに関する学習への関心を高めまた裾野を広げていくことも重要である。さらに、ICT の急速な進展などにより、高度な技術がますます身近となる社会のなかで、そうした技術を理解し使いこなす科学的素養をすべての子どもに育んでいくことも重要となる。

　一方、一人一人が幸福な人生を自ら創り出していくためには、情意面や態度面について、自己の感情や行動を統制する能力や、よりよい生活や人間関係を自主的に形成する態度などを育むことが重要である。こうした力は、将来の社会不適応を予防し保護要因を高め、社会を生き抜く力につながることになると考えられる。

②グローバル化する社会のなかで

　現状、グローバル化するなかで世界と向き合うことが求められている日本においては、日本人としての美徳やよさを備えつつグローバルな視野で活躍するために必要な資質や能力の育成が求められる。言語や文化に対する理解を深め、国語で理解したり表現したりすることや、さらには外国語を使って理解したり表現したりできるようにすることが必要である。こうした言語に関する能力を向上させるとともに、古典の学習をとおして日本人として大切にしてきた言語文化を積極的に享受していくことや、芸術を学ぶことをとおして感性などを育むことなどにより、日本文化を理解して自国の文化を語り継承することができるようにするとともに、異文化を理解し多様な人々と協働していくことができるようになることが重要である。

　また、日本のこととグローバルなことの双方を相互的に捉えながら、社会のなかで自ら問題を発見し解決していくことができるよう、自国と世界の歴史の展開を広い視野から考える力や、思想や思考の多様性の理解、地球規模の諸課題や地域課題を解決し持続可能な社会づくりにつながる地理

的な素養についても身に付けていく必要がある。そして、こうした観点から、オリンピック・パラリンピック競技大会の開催などを契機に、スポーツへの関心を高め「する、みる、支える」などの多様なスポーツとのかかわり方を楽しめるようにしていくことも重要である。すなわち、スポーツをとおして他者とのかかわりを学んだり、ルールを守り競い合っていく力を身に付けたりすることができるのである。さらには、多様な国や地域の文化の理解をとおして、多様性の尊重や国際平和に寄与する態度を身に付けたり、ボランティア活動をとおして共生社会の実現に不可欠な他者への共感や思いやりを育んだりすることにもつながるのである。

③資質や能力の要素との関連性

こうした資質や能力についても、それぞれを先の3つの柱に沿って整理し、それを学習指導要領の構造化の考え方のなかで各教科などとの関係を整理していくことが必要である。そのほか、個別のいわゆる現代的な課題やテーマに焦点化した教育についても、これらが教科横断的なテーマであることをふまえ、それをとおしてどのような資質や能力の育成をめざすのかを整理し、学習指導要領の構造化の考え方のなかで検討していくことが必要であると考えられる。

(3) 発達の段階や成長過程のつながり

育成すべき資質・能力については、幼稚園から高等学校までを見通しをもって、各学校段階の教育課程全体および各教科などにおいてどのように伸ばしていくのかが、系統的に示されなければならない。そして、選挙権年齢が18歳に引き下げられ子どもにとって政治や社会がより一層身近なものとなっていることなどもふまえ、中学校卒業後の約98％の者が進学し社会で生きていくために必要となる力を共通して身に付けることのできる、初等中等教育最後の教育機関である高等学校を卒業する段階で身に付けておくべき力は何かを明確に示すことが求められている。

さらに、18歳の段階で身に付けておくべき力は何かとの観点や、義務教育を終える段階で身に付けておくべき力は何かとの観点を共有しながら、幼児教育、小学校教育、中学校教育、義務教育学校教育、高等学校教

育それぞれのありようを考えていく必要がある。同時に、子ども一人一人の個々の発達課題や教育的ニーズをふまえた対応も重要である。また、近年は特別支援学校だけではなく小学校・中学校・義務教育学校・高等学校などにおいて発達障害を含めた障害のある子どもが学んでおり、特別支援教育の対象となる子どもの数は増加傾向にある。障害者の権利に関する条約に掲げられたインクルーシブ教育システムの理念をふまえ、子どもの自立と社会参加を一層推進していくため、通常の学級、通級による指導、特別支援学級、特別支援学校などの連続性のある多様な学びの場において、子どもの十分な学びを確保していく必要があり、一人一人の子どもの障害の状態や発達の段階に応じた指導を一層充実させていく必要がある。

　一方、そうした発達の段階に応じて積み重ねていく学びのなかで、地域や社会とかかわりまたさまざまな職業に出会い、社会的かつ職業的自立に向けた学びを積み重ねていくことも重要である。加えて、幼小、小中、中高の学びの連携および接続についても、学校段階ごとの特徴をふまえつつ、前の学校段階での教育が次の段階で生かされるよう、学びの連続性が確保されることが重要である。

学習指導要領等の構造化の方向性について

(1) 学習指導要領の構造化のありよう

　現状、学習指導要領については構造的な見直しを行うことが求められている。これは、すなわち教育課程について、「何を知っているか」という知識の内容を体系的に示した計画に留まらず、「それを使ってどのように社会・世界とかかわり、よりよい人生を送るか」までを視野に入れたものとして議論することを意味する。

①教科などの本質的意義

　育成すべき資質や能力と学習指導要領との構造を整理するには、学習指導要領を構成する各教科等などをなぜ学ぶのか、それをとおしてどのような力が身に付くのかとの、教科などの本質的な意義に立ち返って検討する必要がある。また、教科などにおける学習は、知識や技能のみならず、そ

れぞれの体系に応じた思考力・判断力・表現力などや情意また態度などを、それぞれの教科などの文脈に応じて育む役割を有している。たとえば、思考力は、国語や外国語においてさまざまな資料から必要な情報を整理して自分の考えをまとめる過程や、社会科において社会的な事象から見いだした課題や多様な考え方を多面的かつ多角的に考察して自らの考えをまとめていく過程、また数学においては事象を数学的に捉えて問題を設定し解決の構想を立てて考察していく過程、理科においては自然の事象を目的意識を持って観察実験し科学的に探究する過程、音楽や美術においては自らの意図や発想にもとづき表現を工夫していく過程、保健体育においては自己や仲間の運動課題や健康課題に気づきその解決策を考える過程、技術・家庭科においては生活の課題を見いだし最適な解決策を追究する過程、道徳においては人間としての生き方についての考えを深める過程、などをとおして育まれていく。そして、これらの思考力を基盤に判断力や表現力なども同様に、各教科などのなかでその内容に応じ育まれる。さらには、情意や態度などについても同様であり、各教科などをとおして育まれた社会観や自然観および人間観などは、どのように社会や世界とかかわりよりよい人生を送るかを決定する構成要素となっていくのである。

②教育課程の総体的構造の可視化

　以上、思考力・判断力・表現力などや情意・態度などは、各教科などの文脈のなかで指導される内容事項と関連付けられながら育まれていくと考えられる。ただし、各教科などで育まれた力を、当該教科における文脈以外の実社会のさまざまな場面で活用できる汎用的な能力にさらに育てていくためには、総体的観点からの教育課程の構造上の工夫が必要になる。そして、まさにその工夫が、各教科間の内容事項についての相互の関連付けや、教科横断的な学びを行う総合的な学習の時間や社会参画につながる取り組みなどを行う特別活動、高等学校の専門学科における課題研究の設定などに相当すると考えられる。

　また、このような資質や能力と各教科などとの関係をふまえれば、学習指導要領の全体構造を検討するにあたっては、教育課程全体でどのような

資質や能力を育成していくのかとの観点から、各教科などのありようや各教科などにおいて育成する資質や能力を明確化し、この力はこの教科などにおいてこそ身に付くとの、各教科などを学ぶ本質的な意義を捉え直していくことが重要となる。そして、各教科などで育成される資質や能力の間の関連付けや内容の体系化を図り、資質や能力の全体像を整理していくことが同じく重要であり、教育課程の全体構造と各教科などを往還的に整理していくことが求められる。

　さらには、教科間の横のつながりとともに、義務教育を終える段階で身に付けておくべき力は何か、また18歳の段階で身に付けておくべき力は何か、などの観点から、初等中等教育の出口のところで身に付けておくべき力を明確にしながら、幼稚園・小学校・中学校・義務教育学校・高等学校の教育を縦のつながりの見通しをもって系統的に組織していくことも重要である。つまり、各教科などで学校や学年段階に応じて学ぶことを単に積み上げるのではなく、義務教育や高等学校教育を終える段階で身に付けておくべき力をふまえつつ、各学校および学年段階で学ぶべき内容をみなおすなど、発達の段階に応じた縦のつながりと各教科などの横のつながりを行き来しながら、学習指導要領の全体像を構築していくことが必要である。

　一方、幼稚園教育要領においては、幼稚園教育におけるねらいや内容を「健康」「人間関係」「環境」「言葉」「表現」の領域別に示しつつ、幼稚園における生活の全体をとおして総合的に指導することとされている。こうした幼児教育の特性を大事にしつつ、幼児期において育みたい資質や能力を明確にし、幼児教育と小学校の各教科などにおける教育との接続の充実や関係性の整理を図る必要がある。

(2)　学習活動の示し方や「主体的・対話的で深い学び」の意義

　これからの学習では、子どもたちが何を知っているかだけではなく、知っていることを使ってどのように社会や世界とかかわり、よりよい人生を送るかが重視される。したがって、知識・技能、思考力・判断力・表現力など、学びに向かう力や人間性など情意や態度などにかかわるもののす

べてを、如何に総合的に育むのかが課題になる。

①「主体的・対話的で深い学び」の意義

　思考力・判断力・表現力などは、学習のなかで、思考・判断・表現が発揮される主体的かつ協働的な問題発見や解決の場面を経験することによって磨かれていく。身に付けた個別の知識や技能も、そうした学習経験のなかで活用することにより定着し、既存の知識や技能と関連付けられ体系化されながら身に付いていき、ひいては生涯にわたり活用できるような物事の深い理解や方法の熟達に至ることが期待される。また、こうした学びを推進する契機となるのは子どもの学びに向かう力であり、これを引き出すためには実社会や実生活に関連した課題などをとおして動機付けを行い、子どもたちの学びへの興味と努力し続ける意志を喚起する必要がある。

　このように、育成すべき資質や能力を育むためには、学びの量とともに質や深まりが重要であり、子どもがどのように学ぶかについても光を当てる必要があるとの認識のもと、課題の発見や解決に向けた主体的かつ協働的な学び（いわゆる「主体的・対話的で深い学び」）について、これまでの議論などもふまえつつ検討が重ねられている。ところが、こうした指導方法を焦点の一つとすることについては、注意すべき点も指摘されている。つまり、育成すべき資質や能力を総合的に育むとの意義をふまえた積極的な取り組みの重要性が指摘される一方で、指導法を一定の型にはめ教育の質の改善のための取り組みが、狭い意味での授業の方法や技術の改善に終始するのではないかとの懸念などである。日本の教育界は極めて真摯に教育技術の改善を模索する教員の意欲や姿勢に支えられていることは確かであるものの、これらの工夫や改善がともすると本来の目的を見失い、特定の学習や指導の型に拘泥する事態を招きかねないのではないかとの指摘をふまえての危惧と考えられる。

②指導方法の不断の見直し

　変化を見通せないこれからの時代において、新しい社会のあり方を自ら創造することができる資質や能力を子どもに育むためには、教員自らが習得・活用・探究などの学習過程全体を見渡し、個々の内容事項を指導する

ことによって育まれる思考力、判断力、表現力などを自覚的に認識しながら、子どもの変化などをふまえつつ自ら指導方法を不断に見直しかつ改善していくことが求められる。

　したがって、学習および指導方法については、特定の型を普及させることではなく、下記のような視点に立って学び全体を改善し、子どもの学びへの積極的関与と深い理解を促すような指導や学習環境を設定することにより、子どもがこうした学びを経験しながら、自信を育み必要な資質や能力を身に付けていくことができるようにすることが重要である。そして、そうした具体的な学習プロセスは限りなく存在し得るものであり、教員一人一人が、子どもの発達の段階や発達の特性、子どもの学習スタイルの多様性や教育的ニーズと教科などの学習内容、単元の構成や学習の場面等に応じた方法について研究を重ね、ふさわしい方法を選択しながら、工夫して実践できるようにすることが重要である。

ⅰ 習得・活用・探究という学習プロセスのなかで、問題発見や解決を念頭に置いた深い学びの過程が実現できているかどうか。

- 新しい知識や技能を習得したりそれを実際に活用して、問題解決に向けた探究活動を行ったりするなかで、資質や能力にかかわる力が総合的に活用かつ発揮される場面が設定されることが重要である。教員はこのプロセスのなかで、教える場面と子どもに思考・判断・表現させる場面を、効果的に設計し関連させながら指導していくことが求められる。

ⅱ 他者との協働や外界との相互作用をとおして、自らの考えを広げ深める対話的な学びの過程が実現できているかどうか。

- 身に付けた知識や技能を定着させるとともに、物事の多面的で深い理解に至るためには、多様な表現をとおして、教師と子どもまた子ども同士が対話し、それによって思考を広げ深めていくことが求められる。こうした観点から、各教科などを貫く改善の視点である言語活動の充実も、引き続き重要である。

iii 子どもが見通しをもって粘り強く取り組み、自らの学習活動を振り返って次につなげる主体的な学びの過程が実現できているかどうか。

- 子ども自らが興味をもって積極的に取り組むとともに、学習活動を自ら振り返り意味付けたり、獲得された知識や技能および育成された資質や能力を自覚したり共有したりすることが重要である。子どもの学びに向かう力を刺激するためには、実社会や実生活にかかわる主題に関する学習を積極的に取り入れていくことや体験活動の充実を図り、その成果を振り返って次の学びにつなげていくことなども引き続き重要である。

こうした、必要な資質や能力を総合的に育むための学びは、特に小・中学校では、全国学力・学習状況調査において、主として「活用」に関する問題（いわゆるＢ問題）が出題され、関係者の意識改革や授業改善に大きな影響を与えたことなどもあり、多くの関係者による実践が重ねられてきている。「主体的・対話的で深い学び」を重視する流れは、こうした優れた実践をふまえた成果であり、また、今後は特に高等学校において、義務教育までの成果を確実につなぎ、一人一人に育まれた力をさらに発展・向上させることが求められる。

なお、こうした質の高い深い学びをめざすなかで、教員には指導方法を工夫して必要な知識や技能を教授しながら、それに加えて、子どもの思考を深める発言を促したり、気づいていない視点を提示したりするなど、学びに必要な指導のありようを追究し、必要な学習環境を積極的に設定していくことが求められる。そうしたなかで、着実な習得の学習が展開されてこそ、主体的かつ能動的な活用および探究の学習を展開することができると考えられるのである。

4 学習評価

学習評価とは

　学習評価とは、学校における教育活動に関し、子どもの学習状況を評価するものである。子どもにどのような力が身に付いたかなどの学習の成果を的確に捉え、教員が指導の改善を図るとともに子どもが自らの学びを振り返り、次の学びに向かうことができるようにするためには、この学習評価のありようが極めて重要であり、教育課程や学習および指導方法の改善と一貫性をもった形態で改善をすすめることが求められる。そして、子どもの学習状況を評価するために、教員は個々の授業のねらいをどこまでどのように達成したかだけではなく、子ども一人一人が前の学びからどのように成長しているか、より深い学びに向かっているかどうかを捉えていくことが必要である。

　また、学習評価については、子どもの学びの評価にとどまらず、次に述べる「カリキュラム・マネジメント」のなかで、学習および指導方法や教育課程の評価と結び付け、子どもの学びにかかわる学習評価の改善を教育課程や学習および指導方法の改善に発展展開させ、授業改善および組織運営の改善に向けた学校教育全体のサイクルに位置付けていくことが必要であると考えられる。

評価の３つの観点

　評価については、各教科において学習状況を分析的に捉える観点別学習状況の評価と総括的に捉える評定とを、学習指導要領に定める目標に準拠した評価として実施することが明確にされている。評価の観点については、従来の４観点の枠組みをふまえつつ、学校教育法が定める学校教育において重視すべき３要素（「知識・技能」「思考力・判断力・表現力等」「主体的に学習に取り組む態度」）をふまえて再整理され、「知識・理解」「技能」「思考・判断・表現」「関心・意欲・態度」の４つの観点が設定されている。

第 8 章　教育課程の体系化へ向けて　107

　そして、小・中学校を中心に定着してきたこれまでの学習評価の成果を
ふまえつつ、目標に準拠した評価をさらにすすめていくためには、学校教
育法が規定する 3 要素との関係をさらに明確にし、育成すべき資質や能力
の 3 つの柱に沿って各教科の指導改善等が図られるよう、評価の観点につ
いては「知識・技能」「思考・判断・表現」「主体的に学習に取り組む態度」
の 3 観点に沿った整理がなされる。そのなかで、観点別学習状況の評価と
それらを総括した評定との関係についても、あらためて整理することが求
められる。
　また、観点別学習状況の評価の観点は、各教科における教育の目標と表
裏一体の関係にあることから、各教科において育成すべき資質や能力をふ
まえて教育の目標を検討する際には、評価の観点のありようと一貫性を
もった形態でさらなる検討がなされる必要がある。そして、「学びに向か
う力や人間性など」に示された資質や能力には、感性や思いやりなど幅広
いものが含まれるが、これらは観点別学習状況の評価になじむものではな
いことから、評価の観点としては学校教育法に示された「主体的に学習に
取り組む態度」として設定し、感性や思いやりなどについては観点別学習
状況の評価の対象とすることが望ましいと考えられる。
　なお、観点別学習状況の評価には十分示しきれない児童生徒一人一人の
よい点や可能性および進歩の状況などについては、日々の教育活動や総合
所見などをとおして積極的に子どもに伝えることが重要である。

評価にあたっての留意点

　現在の「関心・意欲・態度」の評価に関しては、たとえば正しいノート
の取り方や挙手の回数をもって評価するなど、本来の趣旨とは異なる表面
的な評価が行われているとの指摘もある。「主体的に学習に取り組む態度」
については、このような表面的な形式を評価するのではなく、「主体的な
学び」の意義もふまえつつ、子どもが学びの見通しをもって粘り強く取り
組み、自らの学習活動を振り返って次につなげるなどの主体的な学びの過
程の実現に向かっているかどうかとの観点から、学習内容に対する子ども

の関心・意欲・態度等などを見取り評価していくことが必要である。こうした姿を見取るためには、子どもが主体的に学習に取り組む場面を設定していく必要があり、まさに「主体的・対話的で深い学び」の視点からの学習および指導方法の改善が欠かせないのである。また、学校全体で評価の改善に組織的に取り組む体制づくりも必要となると考えられる。

　なお、こうした観点別学習状況の評価については、小・中学校と高等学校とでは取り組みに差があり、高等学校では知識量のみを問うペーパーテストの結果や、特定の活動の結果などのみに偏重した評価が行われているのではないかとの懸念も示されているところである。義務教育までに調和をもってよく培われた資質や能力を、高等学校教育をとおしてさらに発展向上させることができるよう、高等学校教育においても指導要録の様式の改善などをとおして評価の観点を明確にし、観点別学習状況の評価をさらに普及させていく必要がある。

　また、3要素のバランスのとれた学習評価を行っていくためには、指導と評価の一体を図るなかで、論述やレポートの作成、発表、グループでの話合い、作品の制作などの多様な活動に取り組ませるパフォーマンス評価を取り入れ、ペーパーテストの結果にとどまらない多面的な評価を行っていくことが必要である。さらには、総括的な評価のみならず一人一人の学びの多様性に応じて、学習の過程における形成的な評価を行い、子どもの資質や能力がどのように伸びているかを、たとえば日々の記録やポートフォリオなどをとおして、子ども自らが把握できるようにしていくことも考えていく必要がある。

　こうした評価を行うなかで、教師には子どもが行っている学習にどのような価値があるのかを認め、子ども自らにもその意味に気づかせていくことが求められるのである。教師一人一人が、子どもの学習の質を捉えることのできる目を培っていくことができるようさまざまな研修の充実などを図っていく必要がある。

第8章　教育課程の体系化へ向けて　109

5　学習指導要領の理念を実現するための方策

(1)「カリキュラム・マネジメント」の重要性

　教育課程とは、学校教育の目的や目標を達成するために教育の内容を子どもの心身の発達に応じ、授業時数との関連において総合的に組織した学校の教育計画であり、その編成主体は各学校である。各学校には、学習指導要領を受け止めつつ、子どもの姿や地域の実情などをふまえて、各学校が設定する教育目標を実現するために、学習指導要領にもとづきどのような教育課程を編成し、どのようにそれを実施および評価し改善していくのか、すなわち「カリキュラム・マネジメント」の確立が求められる。

　特に、重視されるのは、教育課程全体をとおした取り組みによって、教科横断的な視点から教育活動の改善を行っていくことや、学校全体としての取り組みをとおして教科などや学年を越えた組織運営の改善を行っていくことが求められている。そして、各学校が編成する教育課程を核にどのように教育活動や組織運営などの学校の全体的なあり方を改善していくのかが課題となる。

① 3つの側面

　こうした「カリキュラム・マネジメント」については、これまで教育課程のありようを不断にみなおすとの側面から重視されてきているところである。一方、社会に開かれた教育課程の実現をとおして、子どもに必要な資質や能力を育成するとの学習指導要領の理念をふまえ、これからの「カリキュラム・マネジメント」については、以下の3つの側面から考えていくことが求められる。

　㋐各教科などの教育内容を相互の関係で捉え、学校の教育目標をふまえた教科横断的な視点で、その目標の達成に必要な教育の内容を組織的に配列していくこと。

　㋑教育内容の質を向上させるべく、子どもの姿や地域の現状などに関する調査や各種データなどにもとづき、教育課程を編成し実施し評

価し改善を図る一連の PDCA サイクルを確立すること。

㈦ 教育内容と教育活動に必要な人的および物的資源などを、地域などの外部の資源も含めて活用しながら効果的に組み合わせること。

② 教育課程全体をとおしての取り組み

これからの時代に求められる資質や能力を育むためには、各教科などの学習とともに教科横断的な視点で学習を成り立たせていくことが課題となる。そのため、各教科などにおける学習の充実はもとより教科間のつながりを捉えた学習をすすめる観点から、教科間の内容事項について、相互の関連付けや横断を図る手立てや体制を整える必要がある。このため、「カリキュラム・マネジメント」をとおして、各教科などの教育内容を相互の関係で捉え必要な教育内容を組織的に配列し、さらにまた必要な資源を投入する営みが重要となる。そして、個々の教育活動を教育課程に位置付けそのうえで教育活動相互の関係を捉え、教育課程全体と各教科などの内容を往還させる営みが、「カリキュラム・マネジメント」を支えることになると考えられる。特に、特別活動や総合的な学習の時間の実施にあたっては、「カリキュラム・マネジメント」をとおして、子どもにどのような資質や能力を育むかを明確にすることが不可欠であると考えられる。

③ 学校全体としての取り組み

「カリキュラム・マネジメント」については、校長または園長を中心としつつ、教科などの縦割りや学年を越えて学校全体で取り組んでいくことができるよう、学校の組織および運営についても見直しを図る必要がある。そのためには、管理職のみならずすべての教職員がその必要性を理解し、日々の授業などについても教育課程全体のなかでの位置付けを意識しながら取り組む必要がある。また、学習指導要領を豊かに読み取りながら、各学校の子どもの姿や地域の実情などと指導内容を照らし合わせ、効果的な年間指導計画などのありようや、授業時間や週時程のありようなどについて、校内研修などをとおして研究を重ねていくことが求められる。

また、こうした「カリキュラム・マネジメント」については、管理職のみならずすべての教職員が責任をもち、そのために必要な力をさまざまな

第8章 教育課程の体系化へ向けて　111

支援方策などによって、教員一人一人が身に付けられるようにすすめていくことが必要である。また、「社会に開かれた教育課程」の観点からは、学校内だけではなく保護者や地域の人々などを巻き込んだ「カリキュラム・マネジメント」を確立していくことも重要であると考えられる。

④ 「主体的・対話的で深い学び」の視点と連動させた学校経営の展開

　「主体的・対話的で深い学び」は、形式的に対話型を取り入れた授業や特定の指導の型をめざした技術の改善にとどまるものではなく、子どもの質の高い深い学びを引き出すことを意図するものである。さらにはそれをとおしてどのような資質や能力を育むかとの観点から、学習のありようそのものの問い直しをめざすものであると考えられる。また「カリキュラム・マネジメント」は、学校の組織力を高める観点から学校の組織および運営について見直しを迫るものであると捉えられる。その意味において、「主体的・対話的で深い学び」と「カリキュラム・マネジメント」は、授業改善や組織運営の改善など学校の全体的な改善を行うための鍵となる2つの重要な概念として位置付けられるものであり、相互の連動を図り機能させることが重要となる。教育課程を中心に授業改善および組織運営の改善に一体的かつ全体的に迫ることのできる組織文化の形成を図り、「主体的・対話的で深い学び」と「カリキュラム・マネジメント」を連動させた学校経営の展開が、それぞれの学校や地域の実態をもとに展開されることが求められるのである。

⑤ 教育課程の実施状況の把握

　教育課程を中心に、教育活動や組織運営の不断の見直しを図っていくためには、子どもの姿や地域の現状などを把握できる調査結果や各種データなどが必要となる。国、教育委員会および学校それぞれにおいて、学習指導要領にもとづく教育課程の実施状況を定期に把握することも求められている。

(2) 学習指導要領の理念の実現に向けて必要な支援方策

　先を見通すことが難しい社会のなかで、新しい社会のありようを創造することができる資質や能力を子どもに育むためには、教育に携わる教師一

人一人の力量を高めていく必要がある。

①教師への国際的評価と課題

　日本の教員に対する国際的な評価はもともと高く、特に各教科などにおける授業改善に向けて行われるさまざまな研究に関しては、海外からも極めて高い関心が寄せられている。とりわけ、各学校における教師の学び合いを基調とする授業研究は、日本において独自に発展した教師研修の仕組みであるが、近年「レッスン・スタディ」として国際的な広がりを見せている。こうした従来の強みを生かしつつこれからの教師には、学級経営や幼児・児童・生徒理解などに必要な力に加え、教科などを越えた「カリキュラム・マネジメント」のために必要な力や、「主体的・対話的で深い学び」の視点から学習および指導方法を改善していくために必要な力さらには学習評価の改善に必要な力などが求められる。教師一人一人が社会の変化を見据えながら、これからの時代に必要な資質や能力を子どもに育むことができるよう、教員の養成・採用・研修をとおして改善を図っていくことが必要であると考えられるのである。

　一方、教員養成・採用・研修の改善のために必要な改革などの方向性については、中央教育審議会初等中等教育分科会教員養成部会が取りまとめた「これからの学校教育を担う教員の資質能力の向上について」においても示されているところである。このなかでは、国、教育委員会、学校、大学などが目標を共有して互いに連携しながら教師に求められる力を効果的に育成できるよう、教師に求められる能力を明確化する教師育成指標やそれをふまえた研修指針の策定などが求められる。教師研修そのものを、主体的かつ協働的な学びの要素を一層含んだものに転換していくことも必要であると考えられ、今後新科目の設置などを受けた対応も含め、教育課程の改善に向けた議論と歩調を合わせて具体化していくことが求められる。

②環境の整備

　こうした取り組みをとおして、教師一人一人が校内研修や校外研修などのさまざまな研修の機会を活用したり、自主的な学習を積み重ねたりしながらその力量を向上させていくとともに、教師一人一人の力量が発揮され

るよう、必要な環境を整備していくことも必要である。したがって、上述のような教師の研修機会を確保するとともに、「カリキュラム・マネジメント」の実現や「主体的・対話的で深い学び」の視点に立った学びを推進するための少人数によるきめ細かな指導の充実など、新たな学習および指導方法などに対応するため、必要な教職員定数の拡充を図ることが求められる。また、ICT も含めた必要なインフラ環境の整備を図ることも重要である。

　一方、学校を取り巻く新たな課題に対応していくためには、初等中等教育分科会に置かれた「チームとしての学校・教職員のあり方に関する作業部会」が取りまとめた「チームとしての学校のあり方と今後の改善方策について」が示すように、事務体制の強化を図るとともに、教師以外の専門スタッフも参画した「チームとしての学校」の実現をとおして、複雑化かつ多様化した課題を解決に導いたり教師が子どもと向き合う時間的かつ精神的な余裕を確保することが重要である。加えて、校長または園長のリーダーシップのもと、「カリキュラム・マネジメント」を中心に学校の組織運営を改善強化することや、教育課程の実施をはじめとした学校運営を、「コミュニティ・スクール」やさまざまな地域人材との連携などをとおして地域で支えていくことなどについても、積極的にすすめていくことが求められる。

　さらに、教科書を含めて必要な教材や情報機器についてもいろいろな改善を図り、新たな学びや多様な学習ニーズに対応したものとしていく必要がある。また、国や各教育委員会などにおいても、教科別の学習指導に関する改善のみならず教科などを横断した教育課程全体の改善について助言を行うことができるような体制を整えていくことが必要であり、教育委員会における指導担当部課長や指導主事などの力量の向上が求められる。さらに、学習および指導方法の改善について、モデル校の先進事例などを動画も含めて参照できるようなアーカイブを整備していくことも考えられる。また、経済的状況にかかわらず教育を受けられる機会を整えていくことや、家庭環境や家族の状況の変化などをふまえた適切な配慮を行ってい

くことも不可欠であると考えられる。

③新しい教育課程がめざす理念の共有

　こうした取り組みをすすめるにあたっては、新たな教育課程がめざす理念を学校や教育関係者のみならず、保護者や地域の人々また産業界などを含め広く共有し、子どもの成長に社会全体で協働的にかかわっていくことが必要である。そして、地域社会と教育の理念を共有していくことは、さまざまな教育課題に対して、学校教育だけではなく社会教育と連携かつ分担しながら地域ぐるみで対応していくことにつながる。さらに、保護者の理解と協力を得ることは、学校教育の質の向上のみならず、家庭教育を充実させていくためにも大きな効果があると考えられるのである。

参考文献

中央教育審議会初等中等教育分科会教育課程部会教育課程企画特別部会（第7期）「教育課程企画特別部会における論点整理について」(報告)、2015年(平成27年)。

中央教育審議会第109回総会「幼稚園、小学校、中学校、高等学校及び特別支援学校の学習指導要領等の改善及び必要な方策等について」(答申)、2016年（平成28年)。

終 章

　現状の教育について、これまでもいろいろな議論がなされ、さまざまな政策がとられていることは言うまでもないことである。しかしながら、近代日本の教育が、1872年（明治5年）の学制にはじまり、1945年（昭和20年）第2次世界大戦終結後の1947年（昭和22年）教育基本法制定を経て、2006年（平成18年）教育基本法改正に至り、いよいよその教育のありようの基本が問われているのではないだろうか。単なる制度の修正などでは、到底現状の教育にかかわる諸問題の解決へ向かう糸口でさえ見つけることは困難であろう。

　一方、近代にはじまるいわゆる公教育は、まさに近代日本の明治期においても国家主導の教育体制として、学校教育制度が構築されるに至ることは必然であった。言い換えれば、このことはまさに国民を教化することであった。そして、この国民を教化することは、近代化をすすめる日本の当時の社会情勢においては、ひとつの意義を見出していたことも否定できないことである。さらに、その後延々と国民を教化するための制度や方策が検討工夫されつついろいろと講じられることになる。しかしながら、1950年代半ば以降日本経済が飛躍的に成長を遂げ、日本社会全体が豊かな時代を迎えるに至り、その学校教育のありようが根本において問われることになる。たとえば、不登校、非行、校内暴力、学級崩壊、いじめ、学業不振、学力低下など、あらゆる問題が次々と湧き起こり、しかもその解明へと向かうどころかますます混迷が深まるばかりである。そして、この状況下、現場の先生方の多くは、自らの身を削る思いで孤軍奮闘しておられるのが現状であろう。

　したがって、いよいよ日本の教育がその基本に立ち返るべく、根本からの変革が求められているのである。そこで、この課題を、道徳教育のありようをてがかりに少し考えておきたい。

　人間は、本質的に自由を求めるものであり、社会に生きる人間としてい

つも道徳にしたがって行為するとは限らない。そこで、道徳を守り善悪の判断を高め正しく行為するように導く道徳教育が、古来教育の要と考えられてきた。古代ギリシャのソクラテスも、ただ単に上手く生きるためにいろいろな知識のみを習得することが望ましいことではなく、心正しく善く生きることが重要であると考えた。そしてそのために、ソクラテスは己の真に知らざることを知ること（無知の知）をめざし、良心に目覚めることを説いた。また、ドイツのシュプランガーも、教育は文化の伝達や知識技能の獲得のみでは十分ではなく、覚醒した良心を持つことをめざすものであると述べている。

　一方、現状の学校教育における道徳教育は、まずひとつひとつの徳目について、事例をあげて児童生徒に対して講話をするか、読み物資料などで考えさせる。そして、児童生徒が善悪の判断に迷うような立場や評価のわかれる事例を示し、討議討論をさせることによって、自らの価値観や先入観などの再検討をさせていく。さらに、児童生徒の道徳意識の発達段階を考慮し、適切な指導をすすめる。これが、およそこれまでの道徳教育の指導であり、まさにその具体的な指導のありようについては、明治から昭和そして平成を経て、教科としてはじまり一時中断するもその後特設の時間になり、また特別の教科としての位置付けとなる。

　しかしながら、このような指導では、時には徳目の注入に終始したり、また功利主義に陥ることなど、なかなか児童生徒の心のなかに染み入り、良心の覚醒を促すような気づきにまで到達することは難しい。すなわち、道徳教育のめざすところは、端的に言えば主体的な価値の判断であるが、児童生徒が自らの考えを明らかにする前に、まずもって教師自身が自らの立場を鮮明にすることが求められるのではないだろうか。言い換えれば、教師自身の信念および覚悟が問われることを意味する。したがって、道徳教育は、児童生徒の問題である前に教師自身の問題であり、教師に善悪の判断に対する信念がなければ、道徳を教えることは難しいのである。

　このように、道徳教育を真の意味においてすすめていくには、単なる方法・技術論ではなく、児童生徒の前に立つ教師自らが今一度道徳教育の基

本に立ち返ることが求められる。同様に、日本の教育の根本からの変革を成し遂げるには、重ねて教師自らが教育の基本に立ち返り、教育とはそもそも何か、教化だけではない教育とは如何なるものか、さらに具体的には現実の学校教育とは如何なるものであるのか、などを今一度熟慮しなければならない。たとえて言えば、学校とは何か、学校教育の基本に立ち返れば、さまざまな疑問や課題も見えてくるはずである。そもそもなぜ学校に行かなければならないのか、またなぜ学ぶことは学校でなければならないのか、学びは学校以外でも可能ではないのか。さらには、この教科はそもそも何のために学ぶのか、この教科の何を学ぶのか、この教科のこの内容を学ぶには今の学校での学び方ではなく、何か他にあるのではないだろうか、など次々とこれまでの日本の教育、具体的には日本の学校教育そのもののありように素朴かつ基本的な疑義が生じることになる。

　すなわち、これまで学校教育に関して、あたりまえとされてきたことやふつうのこととされてきたことを今一度みなおしてみる（自明と日常の再考）、そしてこのことを教師自身が率先して試みる、ここに日本の教育の根本からの変革への第一歩を見出すことができるのではないだろうか。要するに、教育を根本から変革するひとつに、まず教師自身が自らの信念を表明する勇気をもつことが考えられる。そのために、教師自身が常に教育の基本に立ち返り、あらゆることをその基本から学び続ける姿勢が重要であると考えられるのである。

お わ り に

　教育は、混迷のなかにあると言われて久しい。また、教育改革という表現ももう言い古されているのかもしれない。日本が高度経済成長を遂げ、社会全体がいわゆる豊かな時代を迎えるとともに学校教育にさまざまな問題が表面化する。そして、それらの問題に対処すべく、日本の教育はゆとり教育へとその基本政策の転換を図る。しかしながら、その教育政策が策定され実施されつつあるその最中に、学力の低下が問題であるとの指摘が湧き起こり、すぐさままたその教育政策の方向転換がなされることになる。

　このように、昨今の教育改革は、その基本となる理念や方針すらなかなか明確に定まることがなく、今もってなお紆余曲折のなかにあるように思える。すなわち、このことは 1872 年（明治 5 年）学制にはじまり、1947 年（昭和 22 年）教育基本法を経て現代に続く、日本の教育のありようの基本が問われていることを意味していると考えられる。そもそも教育とは何か、日本の公教育とは如何なるものであるのか、またその具体的な顕れである学校教育の基本とは何か、これらが今問われていることになる。したがって、教育にかかわる人々すべてが、今一度教育の基本に立ち返り、自らにとっての教育の基本とは何かを熟慮することが求められていると考えざるを得ない。

　本書は、あらためて数ある教育原理の文献のなかで、教育の哲学・思想を今一度ふまえた「教育の基本」のありようを探究するささやかな試みである。この試みに対して、ひとつの書物にまとめさせていただく機会を与えていただいた関西学院大学出版会に謝意を表させていただきたい。具体的には、同出版会関係各位に御礼申し上げたい。とりわけ、事務局田中直哉氏、辻戸みゆき氏にはいろいろとお手数をお掛けした、このことに対して篤く御礼申し上げたい。

　2018 年 1 月

　　　　　　　　　　　　　　　　　　　　　廣　田　佳　彦

資料

學事獎勵ニ關スル被仰出書 (學制序文)

太政官布告第二百十四號(明治五壬申年八月二日)

人々自ラ其身ヲ立テ其産ヲ治メ其業ヲ昌ニシテ以テ其生ヲ遂ル所以ノモノ
ハ他ナシ身ヲ脩メ智ヲ開キ才藝ヲ長スルニヨルナリ而テ其身ヲ脩メ智ヲ開
キ才藝ヲ長スルハ學ニアラサレハ能ハス是レ學校ノ設アル所以ニシテ日用
常行言語書算ヲ初メ士官農商百工技藝及ヒ法律政治天文醫療等ニ至ル迄凡
人ノ營ムトコロノ事學アラサルハナシ人能ク其才ノアル所ニ應シ勉勵シテ
之ニ從事シ而シテ後初テ生ヲ治メ産ヲ興シ業ヲ昌ニスルヲ得ヘシサレハ學
問ハ身ヲ立ルノ財本共云ヘキ者ニシテ人タルモノ誰カ學ハスシテ可ナラン
ヤ夫ノ道路ニ迷ヒ飢餓ニ陷リ家ヲ破リ身ヲ喪ノ徒ノ如キハ畢竟不學ヨリシ
テカヽル過チヲ生スルナリ從來學校ノ設アリテヨリ年ヲ歷ルコト久シト雖
トモ或ハ其道ヲ得サルヨリシテ人其方向ヲ誤リ學問ハ士人以上ノ事トシ農
工商及ヒ婦女子ニ至ツテハ之ヲ度外ニヲキ學問ノ何物タルヲ辨セス又士人
以上ノ稀ニ學フ者モ動モスレハ國家ノ爲ニスト唱ヘ身ヲ立ルノ基タルヲ知
ラスシテ或ハ詞章記誦ノ末ニ趨リ空理虛談ノ途ニ陷リ其論高尚ニ似タリト
雖トモ之ヲ身ニ行ヒ事ニ施スコト能ハサルモノ少カラス是即チ沿襲ノ習弊
ニシテ文明普ネカラス才藝ノ長セスシテ貧乏破産喪家ノ徒多キ所以ナリ是
故ニ人タルモノハ學ハスンハ有ヘカラス之ヲ學フニハ宜シク其旨ヲ誤ルヘ
カラス之ニ依テ今般文部省ニ於テ學制ヲ定メ追々敎則ヲモ改正シ布告ニ及
フヘキニツキ自今以後一般ノ人民 華士族卒農工商及婦女子必ス邑ニ不學
ノ戶ナク家ニ不學ノ人ナカラシメン事ヲ期ス人ノ父兄タル者宜シク此意ヲ
體認シ其愛育ノ情ヲ厚クシ其子弟ヲシテ必ス學ニ從事セシメサルヘカラサ
ルモノナリ 高上ノ學ニ至テハ其人ノ材能ニ任カスト雖トモ幼童ノ子弟ハ男女ノ別ナク小學
ニ從事セシメサルモノハ其父兄ノ越度タルヘキ事

但從來沿襲ノ弊學問ハ士人以上ノ事トシ國家ノ爲ニスト唱フルヲ以テ學
費及其衣食ノ用ニ至ル迄多ク官ニ依頼シ之ヲ給スルニ非サレハ學ハサル
事ト思ヒ一生ヲ自棄スルモノ少カラス是皆惑ヘルノ甚シキモノナリ自今

以後此等ノ弊ヲ改メ一般ノ人民他事ヲ抛チ自ラ奮テ必ス學ニ從事セシム
　ヘキ様心得ヘキ事
右之通被　仰出候條地方官ニ於テ邊隅小民ニ至ル迄不洩様便宜解譯ヲ加ヘ
精細申論文部省規則ニ隨ヒ學問普及致候様方法ヲ設可施行事

資料

教育ニ關スル勅語

（明治二十三年十月三十日）

朕惟フニ我カ皇祖皇宗國ヲ肇ムルコト宏遠ニ徳ヲ樹ツルコト深厚ナリ我カ臣民克ク忠ニ克ク孝ニ億兆心ヲ一ニシテ世々厥ノ美ヲ済セルハ此レ我カ國體ノ精華ニシテ教育ノ淵源亦實ニ此ニ存ス爾臣民父母ニ孝ニ兄弟ニ友ニ夫婦相和シ朋友相信シ恭儉己レヲ持シ博愛衆ニ及ホシ学ヲ修メ業ヲ習ヒ以テ智能ヲ啓發シ徳器ヲ成就シ進テ公益ヲ廣メ世務ヲ開キ常ニ國憲ヲ重シ國法ニ遵ヒ一旦緩急アレハ義勇公ニ奉シ以テ天壤無窮ノ皇運ヲ扶翼スヘシ是ノ如キハ獨リ朕カ忠良ノ臣民タルノミナラス又以テ爾祖先ノ遺風ヲ顯彰スルニ足ラン

斯ノ道ハ實ニ我カ皇祖皇宗ノ遺訓ニシテ子孫臣民ノ倶ニ遵守スヘキ所之ヲ古今ニ通シテ謬ラス之ヲ中外ニ施シテ悖ラス朕爾臣民ト倶ニ拳々服膺シテ咸其德ヲ一ニセンコトヲ庶幾フ

資料

教育基本法

（平成十八年十二月二十二日法律第百二十号）

　教育基本法（昭和二十二年法律第二十五号）の全部を改正する。

　我々日本国民は、たゆまぬ努力によって築いてきた民主的で文化的な国家を更に発展させるとともに、世界の平和と人類の福祉の向上に貢献することを願うものである。

　我々は、この理想を実現するため、個人の尊厳を重んじ、真理と正義を希求し、公共の精神を尊び、豊かな人間性と創造性を備えた人間の育成を期するとともに、伝統を継承し、新しい文化の創造を目指す教育を推進する。

　ここに、我々は、日本国憲法 の精神にのっとり、我が国の未来を切り拓く教育の基本を確立し、その振興を図るため、この法律を制定する。

前文
第一章　教育の目的及び理念（第一条―第四条）
第二章　教育の実施に関する基本（第五条―第十五条）
第三章　教育行政（第十六条・第十七条）
第四章　法令の制定（第十八条）
附則

第一章　教育の目的及び理念
（教育の目的）
第一条　教育は、人格の完成を目指し、平和で民主的な国家及び社会の形成者として必要な資質を備えた心身ともに健康な国民の育成を期して行われなければならない。
（教育の目標）
第二条　教育は、その目的を実現するため、学問の自由を尊重しつつ、次に掲げる目標を達成するよう行われるものとする。

一　幅広い知識と教養を身に付け、真理を求める態度を養い、豊かな情操と道徳心を培うとともに、健やかな身体を養うこと。

二　個人の価値を尊重して、その能力を伸ばし、創造性を培い、自主及び自律の精神を養うとともに、職業及び生活との関連を重視し、勤労を重んずる態度を養うこと。

三　正義と責任、男女の平等、自他の敬愛と協力を重んずるとともに、公共の精神に基づき、主体的に社会の形成に参画し、その発展に寄与する態度を養うこと。

四　生命を尊び、自然を大切にし、環境の保全に寄与する態度を養うこと。

五　伝統と文化を尊重し、それらをはぐくんできた我が国と郷土を愛するとともに、他国を尊重し、国際社会の平和と発展に寄与する態度を養うこと。

（生涯学習の理念）

第三条　国民一人一人が、自己の人格を磨き、豊かな人生を送ることができるよう、その生涯にわたって、あらゆる機会に、あらゆる場所において学習することができ、その成果を適切に生かすことのできる社会の実現が図られなければならない。

（教育の機会均等）

第四条　すべて国民は、ひとしく、その能力に応じた教育を受ける機会を与えられなければならず、人種、信条、性別、社会的身分、経済的地位又は門地によって、教育上差別されない。

2　国及び地方公共団体は、障害のある者が、その障害の状態に応じ、十分な教育を受けられるよう、教育上必要な支援を講じなければならない。

3　国及び地方公共団体は、能力があるにもかかわらず、経済的理由によって修学が困難な者に対して、奨学の措置を講じなければならない。

第二章　教育の実施に関する基本

（義務教育）

第五条　国民は、その保護する子に、別に法律で定めるところにより、普通教育を受けさせる義務を負う。

2　義務教育として行われる普通教育は、各個人の有する能力を伸ばしつつ社会において自立的に生きる基礎を培い、また、国家及び社会の形成者として必要とされる基本的な資質を養うことを目的として行われるものとする。

3　国及び地方公共団体は、義務教育の機会を保障し、その水準を確保するため、適切な役割分担及び相互の協力の下、その実施に責任を負う。

4　国又は地方公共団体の設置する学校における義務教育については、授業料を徴収しない。

（学校教育）

第六条　法律に定める学校は、公の性質を有するものであって、国、地方公共団体及び法律に定める法人のみが、これを設置することができる。

2　前項の学校においては、教育の目標が達成されるよう、教育を受ける者の心身の発達に応じて、体系的な教育が組織的に行われなければならない。この場合において、教育を受ける者が、学校生活を営む上で必要な規律を重んずるとともに、自ら進んで学習に取り組む意欲を高めることを重視して行われなければならない。

（大学）

第七条　大学は、学術の中心として、高い教養と専門的能力を培うとともに、深く真理を探究して新たな知見を創造し、これらの成果を広く社会に提供することにより、社会の発展に寄与するものとする。

2　大学については、自主性、自律性その他の大学における教育及び研究の特性が尊重されなければならない。

（私立学校）

第八条　私立学校の有する公の性質及び学校教育において果たす重要な

役割にかんがみ、国及び地方公共団体は、その自主性を尊重しつつ、助成その他の適当な方法によって私立学校教育の振興に努めなければならない。

（教員）

第九条　法律に定める学校の教員は、自己の崇高な使命を深く自覚し、絶えず研究と修養に励み、その職責の遂行に努めなければならない。

2　前項の教員については、その使命と職責の重要性にかんがみ、その身分は尊重され、待遇の適正が期せられるとともに、養成と研修の充実が図られなければならない。

（家庭教育）

第十条　父母その他の保護者は、子の教育について第一義的責任を有するものであって、生活のために必要な習慣を身に付けさせるとともに、自立心を育成し、心身の調和のとれた発達を図るよう努めるものとする。

2　国及び地方公共団体は、家庭教育の自主性を尊重しつつ、保護者に対する学習の機会及び情報の提供その他の家庭教育を支援するために必要な施策を講ずるよう努めなければならない。

（幼児期の教育）

第十一条　幼児期の教育は、生涯にわたる人格形成の基礎を培う重要なものであることにかんがみ、国及び地方公共団体は、幼児の健やかな成長に資する良好な環境の整備その他適当な方法によって、その振興に努めなければならない。

（社会教育）

第十二条　個人の要望や社会の要請にこたえ、社会において行われる教育は、国及び地方公共団体によって奨励されなければならない。

2　国及び地方公共団体は、図書館、博物館、公民館その他の社会教育施設の設置、学校の施設の利用、学習の機会及び情報の提供その他の適当な方法によって社会教育の振興に努めなければならない。

（学校、家庭及び地域住民等の相互の連携協力）

第十三条　学校、家庭及び地域住民その他の関係者は、教育におけるそ

れぞれの役割と責任を自覚するとともに、相互の連携及び協力に努める
ものとする。

（政治教育）

第十四条　良識ある公民として必要な政治的教養は、教育上尊重されな
ければならない。

2　法律に定める学校は、特定の政党を支持し、又はこれに反対するた
　めの政治教育その他政治的活動をしてはならない。

（宗教教育）

第十五条　宗教に関する寛容の態度、宗教に関する一般的な教養及び宗
教の社会生活における地位は、教育上尊重されなければならない。

2　国及び地方公共団体が設置する学校は、特定の宗教のための宗教教
　育その他宗教的活動をしてはならない。

第三章　教育行政

（教育行政）

第十六条　教育は、不当な支配に服することなく、この法律及び他の法
律の定めるところにより行われるべきものであり、教育行政は、国と地
方公共団体との適切な役割分担及び相互の協力の下、公正かつ適正に行
われなければならない。

2　国は、全国的な教育の機会均等と教育水準の維持向上を図るため、
　教育に関する施策を総合的に策定し、実施しなければならない。

3　地方公共団体は、その地域における教育の振興を図るため、その実
　情に応じた教育に関する施策を策定し、実施しなければならない。

4　国及び地方公共団体は、教育が円滑かつ継続的に実施されるよう、
　必要な財政上の措置を講じなければならない。

（教育振興基本計画）

第十七条　政府は、教育の振興に関する施策の総合的かつ計画的な推進
を図るため、教育の振興に関する施策についての基本的な方針及び講ず
べき施策その他必要な事項について、基本的な計画を定め、これを国会

に報告するとともに、公表しなければならない。

2　地方公共団体は、前項の計画を参酌し、その地域の実情に応じ、当該地方公共団体における教育の振興のための施策に関する基本的な計画を定めるよう努めなければならない。

第四章　法令の制定

第十八条　この法律に規定する諸条項を実施するため、必要な法令が制定されなければならない。

附 則 抄

（施行期日）

1　この法律は、公布の日から施行する。

著者略歴

廣田佳彦（ひろた　よしひこ）

1957 年生まれ

博士（教育学）

研究分野：教育学、近代日本教育思想史、道徳教育

K.G. りぶれっと No. 43

教育の基本

2018 年 1 月 25 日 初版第一刷発行

著　者　廣田佳彦

発行者　田中きく代
発行所　関西学院大学出版会
所在地　〒 662-0891
　　　　兵庫県西宮市上ケ原一番町 1-155
電　話　0798-53-7002

印　刷　協和印刷株式会社

©2018 Yoshihiko Hirota
Printed in Japan by Kwansei Gakuin University Press
ISBN 978-4-86283-252-8
乱丁・落丁本はお取り替えいたします。
本書の全部または一部を無断で複写・複製することを禁じます。

関西学院大学出版会「K・G・りぶれっと」発刊のことば

大学はいうまでもなく、時代の申し子である。

その意味で、大学が生き生きとした活力をいつももっていてほしいというのは、大学を構成するもの達だけではなく、広く一般社会の願いである。

研究、対話の成果である大学内の知的活動を広く社会に評価の場を求める行為が、社会へのさまざまなメッセージとなり、大学の活力のおおきな源泉になりうると信じている。

遅まきながら関西学院大学出版会を立ち上げたのもその一助になりたいためである。

ここに、広く学院内外に執筆者を求め、講義、ゼミ、実習その他授業全般に関する補助教材、あるいは現代社会の諸問題を新たな切り口から解剖した論評などを、できるだけ平易に、かつさまざまな形式によって提供する場を設けることにした。

一冊、四万字を目安として発信されたものが、読み手を通して〈教え―学ぶ〉活動を活性化させ、社会の問題提起となり、時に読み手から発信者への反応を受けて、書き手が応答するなど、「知」の活性化の場となることを期待している。

多くの方々が相互行為としての「大学」をめざして、この場に参加されることを願っている。

二〇〇〇年　四月